アジャイル開発
への道案内

片岡雅憲・小原由紀夫・光藤昭男 著

日本プロジェクトマネジメント協会 編

Agile

近代科学社

◆ 読者の皆さまへ ◆

平素より, 小社の出版物をご愛読くださいまして, まことに有り難うございます.
㈱近代科学社は 1959 年の創立以来, 微力ながら出版の立場から科学・工学の発展に寄与すべく尽力してきております. それも, ひとえに皆さまの温かいご支援があってのものと存じ, ここに衷心より御礼申し上げます.
なお, 小社では, 全出版物に対して HCD (人間中心設計) のコンセプトに基づき, そのユーザビリティを追求しております. 本書を通じまして何かお気づきの事柄がございましたら, ぜひ以下の「お問合せ先」までご一報くださいますよう, お願いいたします.

お問合せ先：reader@kindaikagaku.co.jp

なお, 本書の制作には, 以下が各プロセスに関与いたしました：

・企画：小山 透
・編集：大塚浩昭
・組版：DTP (InDesign) ／ tplot inc.
・印刷：三美印刷
・製本：三美印刷
・資材管理：三美印刷
・カバー・表紙デザイン：tplot inc. 中沢岳志
・広報宣伝・営業：冨髙琢磨, 山口幸治, 東條風太

●商標・登録商標について
　本書に登場する製品名またはサービス名などは、一般に各社の登録商標または商標です。
　本文中では、™ または ® などのマークの記載は省略しております。

はじめに

　システム開発の世界に「アジャイル開発」や「アジャイルプロジェクト」という概念が持ち込まれたのは、1980年代後半の米国である。それまでの開発プロジェクトは、厳格な管理をすることでプロジェクトを成功に導く、すなわち、プロジェクトマネジメントを適切に用いることであると言われていた。計画を立てた上で、要件定義、分析、設計、実装（開発）、テストの各工程を順序よく進める。このため、システム開発では、上流から下流へ水が流れるように順序よく管理しつつ実施するので、「ウォーターフォール開発」と呼ばれ、典型的なプロジェクトマネジメントを適用する手法であった。キーワードは、「正確で綿密な計画」と「実施時の厳格な管理」である。

　パーソナルコンピュータ（PC）とインターネットにより始まった21世紀は、業務やビジネスモデルに「情報」を利用して組み込む時代となった。一瞬で情報が世界を駆け巡り、環境の変化が激しくなり、近い未来の予測すら困難な時代になった。このような環境においては、計画を立てている間に変化が先行してしまう。極言すると、システム投資が無駄になり、競争に勝てない。「アジャイル開発」は、このような時代の要請である「変化に適応するため」に必要な方法論として発案された。米国では、約80％のシステムが「アジャイル開発」によって行われているという報告がある。その米国は21世紀に入り平均1.9%[*1]で経済成長を続けている。その要因の1つが、変化に追随して変化に適応することであり、この「アジャイル開発」の根底に流れる考え方である。ちなみに、日本は同資料では平均0.78%、毎年1.1%の差は15年間で16.5%となり、経済規模を絶対値で比較すると巨大な差となる。

---

*1　IMF: World Economic Outlook Databases@2016年10月版 2001－2015

　1990年代初期にバブルが崩壊して以来、日本は四半世紀に渡り経済成長が滞っている。原因は多岐に渡ると考えられているが、その中で、米国との顕著な違いとして、新たな分野への先駆的な挑戦や新規事業の出現が乏しいことがあげられる。必然として、変化する環境への適応が鈍いと言える。この現象は、システムの開発にも現れている。すなわち、「アジャイル開発」が広がらない、あるいは、それを適用できない現状に大きな問題がある。変化に適応するためには「アジャイル開発」が重要であり必要なツールという認識を広げなければなるまい。

　「アジャイル」な開発プロジェクトの標準規格ができ、多くの人が基盤として当たり前に利活用し、浸透するにはもう少しの時間が必要であろう。しかし、日本は迅速な意思決定やその実施では、欧米はもとより近隣の国々よりも慎重だと言われる。これらを克服して、新しい業務、新しいビジネスモデル、素早い意思決定とその実施を行い、変わってゆく必要があるが、「アジャイル」にそのヒントがある。

　「アジャイル開発」は、システム開発向けの言葉であるが、その意味するところは深く広いと認識している。システムは、業務のインフラであり、意思決定の基盤である。システムが変われば、業務や意思決定が変わり、ビジネスモデルが変わる可能性を秘めている。われわれは、単にシステム開発のために本書『アジャイル開発への道案内』を発刊するのではない。もっと根源的な意思決定の基本に立ち、システム開発を通して業務を革新し、労働生産性を上げ、経済競争力を得るための方法論が「アジャイル」であると考え、この本に取り組んだ。一部には、正しくない「アジャイル開発」の情報が流布して、混乱を招いていると聴く。例えば、XPとスクラム（内容の詳細は本文参照）の用語が混用されることで、「アジャイル開発」をネガティブに見てしまうことがあるとのことである。残念なことである。子細なことだが、この類の誤解を解くこともこの本を出版する目的の1つである。

　なお、本書を執筆するにあたり、多くの文献を参考にさせていただいた。本文中では[番号]と表記し、具体的な名称等は本書の後半に

「参考文献」としてページを設け列記してある。必要に応じて、この原典も参考にしていただきたい。

　本書が契機となり、多くの方々が「アジャイル開発」に興味を持ち、挑戦し、経験者が増え、好循環を生み、さらには、日本の成長に向けた一助となれば、著者の最も喜びとするところである。

2017年8月

著者一同

目次

はじめに iii

第1章 アジャイル開発の現状と課題 1
1.1 世界のトップ企業で起きていること 1
1.2 ITの可能性は無限大 2
1.3 ITの潜在能力と日本のソフトウェア開発力 3
1.4 日本のIT人材 4
1.5 人材ソーシング契約 5
1.6 ビジネスの世界で起きている事と日本がやるべき事 6

第2章 アジャイル開発の概要 8
2.1 アジャイル開発とは何か 8
2.2 アジャイル開発の誕生 9
2.3 アジャイル開発が生まれた背景 12
　　（1）ソフトウェア事業環境の変化 12
　　（2）従来型ソフトウェア開発プロセスの限界 13
　　（3）ソフトウェア技術の進歩 14
2.4 代表的なアジャイル開発技法 15
2.5 アジャイル開発のこれから 18

第3章 アジャイル開発の特徴 19
3.1 アジャイル開発とウォーターフォール開発の比較 19
　　（1）アジャイル開発とウォーターフォール開発の
　　　　ホームグラウンド 19
　　（2）アジャイル開発とウォーターフォール開発を
　　　　特徴付ける5つの主要因 21
　　（3）アジャイル開発かウォーターフォール開発か—
　　　　採用選択要因 22

3.2 アジャイル開発の特徴 23

(1) 重要度の高い機能から優先的に開発する 24

(2) 短期間繰返し開発、動くソフトウェアで顧客と確認 25

(3) 開発期間を固定化する
(反復型開発期間＝タイムボックス) 26

(4) 反復型開発期間を固定するが開発項目は固定しない 26

(5) 開発対象の機能分割 27

(6) 顧客、チームメンバー間の直接対話 28

(7) すべての作業をチケット管理する 29

(8) 自動化ツールの高度の活用 29

(9) ドキュメントの作成を最小限にする 31

第4章　アジャイル開発プロセス 32

4.1 アジャイル開発プロセス—1:XP (eXtream Programing) 32

(1) XPとは何か 32

(2) XPが重視する5つの価値 33

(3) XPの実践—4分類のプラクティス 35

(P-1) きめ細かなフィードバック 36

(P-2) 継続的プロセス 39

(P-3) 理解の共有 44

(P-4) 労働時間 46

(4) XPのまとめ 46

4.2 アジャイル開発プロセス—2：スクラム 47

(1) スクラムとは 47

(2) スクラムの理論と価値基準 49

(3) スクラムのプロセスフロー 51

(4) スクラムの作成物 54

(5) スクラムチーム 56

(6) スクラムイベント 58

(7) スクラムのための環境 63

(8) スクラムのまとめ 63

第5章 アジャイル開発の効果とリスク 65

5.1 アジャイル開発により期待される効果 65

（1）顧客満足度の向上 65

（2）開発期間の短縮 66

（3）開発効率の向上 67

（4）製品品質の改善 68

（5）参加メンバーの技量の向上 69

5.2 アジャイル開発における
開発リスクへの対応 69

（1）チームにアジャイル開発の経験者が不在 70

（2）顧客が開発チームに不参加 72

（3）ドメイン（システム要求仕様）モデルと
用語定義集が未開発 73

（4）機能（ユーザストーリー）分割が不適切 74

（5）1つの部屋で全員が作業不可 79

（6）チケット管理を未実施 79

（7）自動化ツールを未活用 81

（8）大規模システムにアジャイル開発を未適用 81

第6章 上流工程を組み込んだ拡張アジャイル開発 . 83

6.1 アジャイル モデリング（Agile Modeling: AM） 84

（1）アジャイル モデリングとは 84

（2）AMにおける価値 84

（3）AMの基本原則 85

（4）AMの実践（プラクティス） 86

（P-1）反復的でインクレメンタルなモデリング 87

（P-2）チームワーク 87

（P-3）簡潔さ 89

（P-4）検証 89

（5）モデリングセッション 92

（6）ドキュメンテーション 95

（7）AMとXP 96

6.2 Agile ICONIX 98
  (1) Agile ICONIXとは 98
  (2) ICONIX開発プロセス 99
  Step1 実世界のドメインオブジェクトを認識する 100
  Step2 動作上の要求仕様 (ユースケース) を定義する 101
  Step4 オブジェクトに動作を割り当てる
       (シーケンス図の作成) 105
  Step5 静的モデルを完成させる 106
  Step6 コードを記述、生成する 107
  (3) ICONIXからみたXPに対する批判 107
  (4) アジャイルマニフェストをリファクタリング? 110
  (5) Agile ICONIX開発プロセス 111
  (6) XP側からのAgile ICONIXへの批判 112
6.3 SAFe (Scaled Agile Framework) 113
  (1) SAFeとは 113
  (2) スケールアップ可能なアジャイルプラクティス 114
  (3) 大規模システムのアジャイル化のための特別プラクティス . . 117
  (4) SAFeによる大規模システムのアジャイル開発 123

第7章　アジャイル開発の事例 128
7.1 アジャイル開発事例の説明方法 128
  (1) アジャイル開発事例の選定 128
  (2) 紹介形式 129
7.2 新しいサービスの共創 131
  (1) 事例概要：事例の5W1Hを示す 131
  (2) アジャイル開発の特徴に関する説明 135
7.3 新しい業務への挑戦 141
  (1) 事例概要 142
  (2) アジャイル開発の特徴に関する説明 146
7.4 請負開発でのアジャイル開発の導入 154
  (1) 事例概要 154
  (2) アジャイル開発の特徴に関する説明 157

7.5 米国におけるハイブリッドアジャイルの採用............. 160

　　（1）事例概要 161

　　（2）アジャイル開発の特徴に関する説明............. 164

7.6 変化に対応する新商品開発 167

　　（1）事例概要 168

　　（2）アジャイル開発の特徴との比較 171

おわりに.................................... 174

補遺：P2Mプログラムマネジメントとアジャイル開発........ 176

参考文献 180

付録1　アジャイル開発に用いられる自動化ツール .. 184

A1.1 コード分析・評価ツール 184

　　（1）標準コード規約チェッカー 185

　　（2）ソースコードの共通部分の抽出ツール............. 185

　　（3）モジュール間の相互関係分析ツール............. 185

　　（4）ソースコードの複雑度評価ツール............. 185

　　（5）テストカバレッジ評価ツール 186

A1.2 変更歴管理ツール、バージョン管理ツール............. 186

A1.3 継続的インテグレーションCI

　　（Continuous Integration）ツール................. 187

A1.4 ビルドツール 189

A1.5 単体テスト支援ツール 190

A1.6 GUIテスト支援ツール......................... 191

A1.7 システム環境設定・管理ツール................. 191

A1.8 ITS（Issue Tracking System）.................. 192

付録2　コードの不吉な匂い 194

索　引.................................... 198

著者紹介 201

第1章
アジャイル開発の現状と課題

1.1 世界のトップ企業で起きていること

　2000年を前後して米国西海岸から多くのIT（Information Technology）企業が創業し急成長した。その企業価値ランキングのトップ5位はApple、Alphabet（Google）、Microsoft、Facebook、Amazonであり（2016年10月末現在）、すべて、米国IT企業だ。以下、Berkshire Hathaway（複合・投資）、Exxon Mobil（石油・ガス）、Johnson & Johnson（医薬品）、General Electric（重電機）と並び、第10位に中国IT企業のAlibaba Group Holdingが位置するが、9位までは米国企業の独占だ。日本企業の中でダントツのトヨタ自動車でも29位である。かつて米国IT企業の雄であったIBMは45位、オラクルは36位、シスコシステムズは37位だ。多少の順位の入れ替えはあっても、この傾向はこの5年間ほとんど変わっていない。いったい世界の産業界では何が起こっているのであろうか。[*1]

　明らかなことは、企業はIT抜きに企業価値、すなわち市場が求めている価値を提供できないということだ。進化を続けるITには大きな可能性がある。最近だけでも、IoT（Internet of Things）、AI（人工知能）、FinTech、ビックデータ、クラウドコンピューティング、新たな脅威に備える情報セキュリティなど、多様な新技術が次々と現われている。IT自体でも継続的なイノベーションが起き、それらの相乗効果が雪だるま式に拡大している。したがって、ITが大きな可能性を秘めているということを直視する必要がある。

---

*1　参考文献：Web 企業価値ランキング@20161110

1.2 ITの可能性は無限大

　ITの構成要素はハードウェアとソフトウェアである。ハードウェアの中心は、半導体であるマイクロプロセッサだ。「半導体の集積率は18か月で2倍になり、コストは半減する」（ムーアの法則：Moore's law）と言われ、現にそのとおりの成長カーブを描いてきた。幾度となく限界説が出ても、覆り成長を続けてきたが、一方、そのハードウェアの性能を活かすべきソフトウェアの能力は充分に開発され、ハードウェアの開発スピードに追随しているであろうか。

　現在のコンピュータの原型は、ハードウェアとそれに搭載されるソフトウェアを切り離す画期的なオペレーティングシステム（OS）として、1945年にジョン・フォン・ノイマンにより提唱された。その後、この基本概念を大きく変えるイノベーションは起きていない。

　1975年、ビル・ゲイツが創業した Microsoft は、IBM が開発したパーソナルコンピュータ（PC）のOSとして Windows が採用され、一気に世界に広まった。基本となるソフトは Microsoft が独占し、ハードウェアは、「この指とまれ」のオープンコンセプトを掲げ、インターフェースのアーキテクチャを公開した結果、水平分業が急激に広まり、PCは世界に広まった。

　21世紀に入り、PCを凌駕しつつあるのがスマートフォン（スマホ）だ。手軽な価格とサイズ、通信機能を強化した製品コンセプトで登場した。ネットワーク・通信を強化したOSを搭載したため、ICT（Information & Communication Technology）と呼ばれることもある（以下、ネットワーク・通信を含めてITと記載する）。スマホの開拓者となった Apple は iOS を開発したが、Microsoft の Windows とは異なり、ハードウェアのアーキテクチャを公開せず、OEM先を自ら選び外部で組み立て、製品も自ら販売している。一方、Google は Android を自社開発したが、OSの Android のアーキテクチャを無償公開し、ハードウェアの組立・販売は他企業に委ねた。

　スマートフォンは、コンピュータを意識せずに、身近なアプリケーションをより手軽に利用しやすく、簡単にインターネットを通じて無限の知識・情報の世界への利用価値を拡大した。今や通信・ネットワー

ク技術抜きにはスマートフォン、PC、さらに中・大型のコンピュータは価値創造ができない。ユーザが求めているのは、このITのさらなる発展だ。この先、どれほどの市場規模と可能性を秘めているか分からないほどのスピードで、より多くのユーザのニーズに応えてゆくことだけは確かだ。

1.3 ITの潜在能力と 日本のソフトウェア開発力

　ITといえども、機器が稼働するためにはソフトウェアが必要だ。そのソフトウェアの開発が価値創造のために非常に重要であるにも関わらず、日本は米国に比較して創造性、生産性が低いと言われる。

　ネットスケープコミュニケーションズの創業者でベンチャーキャピタリストのマーク・アンドリーセンは、このことに関して米 Wall Street Journal 誌の2011年8月20日号で次のように述べている。「これからのビジネスとサービスはますますソフトウェアに依存し、映画から農業、防衛に至るまで、オンラインサービスとして提供される。(中略)(その効用は)過去にそうであったようコスト削減だけではなく、新しい製品、サービスそしてビジネスモデルを創ることにますます関与してくる」。さらに、このことが現実に見える形として現れているために「成功しているソフトウェア会社はビジョナリーなリーダーとして称えられる」、「優秀な大学卒業生をITのキャリアに向かわせている」、そして最後に「これらは米国では一般的であるが、日本においてはそうでない」と述べている。(ITpro Robert E. Cole@2016.9.15)

　さらに続けて、「日本と比較して、米国が優位であることとして、1)多くの(ITに)優れた大学の存在(により、新技術の開発とそれを実現する技術者の輩出)、2)リスクを取り挑戦する(失敗を許す)ビジネス文化、3)挑戦者を積極的に支援する厚く蓄積された(ベンチャー)資本、4)ビジネスの合理性を担保する法律体系である」としている。(ITpro Robert E. Cole@2016.9.15に著者が補足)

1.4 日本のIT人材

　日本のIT人材の現状に関して情報処理振興機構（IPA）の資料が参考になる。欧州を代表するイギリス、ドイツ、フランスでは、3か国ともほぼ割合は同じで、IT人材の48%がITサービス企業、52%がユーザ企業に所属するが、日本ではそれぞれ75%と25%である。（IPA『IT人材白書2016』）さらに米国のIT人材は、29%がITサービス企業、72%がユーザ企業に所属する[2]。

　このように米国と欧州では、日本と比較して割合で約3倍と約2倍のIT人材がユーザ企業に属している。米国と日本の就労者数を絶対値で比較すると、人口比で米国は日本の約2倍であるが、IT人材のうち、ITサービス企業に所属する人は米国で94万人、日本では77万人と、人口1人当たりで比較するとIT人材は日本の方が多い。一方ユーザ企業では、IT人材はそれぞれ236万人と25万人で、その差は歴然としている。個別の事情があり、短絡的には言えないことだが、日本のユーザ企業におけるITを利活用するための人材は、米国と比べると絶対数で1/10、人口1人当りで1/5であり、人数の上で差がある。（同資料）

　経産省による最近の調査「IT人材の最新動向と将来推計（2016年6月）」によると、約100万人いるIT人材が、現在でも17万人、2020年で37万人、2030年では79万人が不足するとされている。中でも、情報セキュリティや先端IT分野においては顕著であり、もっとも重要な課題は、先端IT人材の育成と確保であるとしている。

　その根拠は、日本政府が成長戦略の一貫として積極的に進める「第4次産業革命」であり、それを手段として「Society 5.0」を実現する政策目標だ。この第4次産業革命の中心に位置するのが、IoT、ビックデータ、人口知能（AI）、ロボットとされているが、ITに通信（ネットワーク）を加えた範疇だ。これらはすべてのモノやサービスがITを介して繋がるとう分野であり、政府は、これを推進する課題として、下

---

*2 IPA「グローバル化を支えるIT人材確保・育成施策に関する調査」2011年

記の6つを挙げている。

① ビジネスモデルの変革 (日本の「強み」を活かしつつ)
② スピード (モノとサービスのライフサイクルの短縮化)
③ 選択と集中 (事業ポートフォリオの大胆な組替え)
④ 競争と協調の切分け (オープン・クローズ戦略)
⑤ オープンイノベーション (自社経営資源を超えて)
⑥ 人材 (IT、データ解析等) の育成・確保

①～⑤は、もともと企業の主要な経営課題であり、リーダーシップとマネジメント力を必要とする。⑥については、上記の5課題を解決する人材、特にIT系人材が不足している現実的な危機感がある。個別の経営課題のテーマの実現には、対象とする特定要素の広くて深い専門性と、その専門分野を横串で適切に統括し最適化するマネジメント能力が必要である。いずれも充分な知識と多くの経験をもつ人材によって実現される。しかし、将来のIT人材の供給は心もとない。この調査では外国人の採用にも触れているが、現状以上の積極策をとりグローバル人材の活用を考えた場合でも、日本企業にとってはコミュニケーション能力の向上と外国人への職業キャリアパスの提示というさらなるタフな問題が提起される。

1.5 人材ソーシング契約

自社でまかないきれないIT関連業務が発生する場合、通常は外注契約や委託契約で外部のリソースを雇用する。この雇用契約に対する一般的な考え方も、日米に違いがある。ITに限らず、米国企業が履行する契約は、基本的にユーザ企業が責任と主導権をもって進める「実費償還契約」が多い。例えば、業務を企画や計画 (要件定義を含む) などの上流部分と、実施 (建設や開発) が主体の下流部分の2つに大きく分け、内部リソースが不足する場合、上流では自社業務に精通したコンサルタントを採用し、下流では建設や開発・構築・実装に最適な企業を採用する。いずれの契約スタイルでも「実費償還契約」とし、プロジェクト主導はユーザ企業が自社の責任にて行う。IT業界では単価だけで精算する「タイム&マテリアル契約」がこ

の契約に近い。

　一方、日本企業では、前述のように上流と下流とに分けた発注をする事もあれば、上下とも同一企業に発注する事もある。いずれの場合でも、「定額契約」とすることが多い。「定額契約」の基本は、発注した時点で契約金額が決まり、契約範囲とされる業務の遂行責任は受注企業となる。業務量の多いのは、この下流部分であり。この組織が受注した業務の遂行責任をとるため，必然的に多くのITエンジニアが集まり、そして育つ。IT業務の主体は、米国ではユーザ企業であり、日本ではITサービス企業である[3]。日本ではユーザ企業がITサービス企業にIT人材やITサービスの供給を依存する体質となっている。この結果ユーザ企業がIT人材を活用して、主体的に自らを改革し変化していく能力は充分とは言えない。

1.6 ビジネスの世界で起きている事と
　　　日本がやるべき事

　20世紀の終わりに冷戦が終結し、GPSやインターネット技術などの軍需技術が民間に開放された。それ以来、ITそのもの、あるいは、ITを応用・利活用した製品やサービスの開発と上梓のスピードは、「秒進時歩」と言えるほどに加速してきた。現在眼前にあるモノやサービスは1年後には変わっている。まして5年、10年先の事は予測がつかない時代となった。

　米国ではこれに呼応するように、企業変革を起こす、ビジネスモデルを変えることにITが多用され、あるいはITそのものが新たなビジネスを生み出すようになってきている。冒頭に述べた企業価値の世界ランキングトップ5社は、それを実践している企業だ。

　現在、多種多様なIT新技術が次々と現われている。これに起因して発生するプロジェクトでも、モノやサービスのライフサイクルにより異なるが、より短期間に成果を求める傾向が強まっている。米国におけるシステム開発は、要件定義から始まり、設計、構築・実装を経て、

---

*3　Webサイト ITpro Active「日本のソフトウェア契約はもう古い（英繁雄）」（2015年9月）

運用するという「ウォーターフォール開発プロジェクト」では時代のスピードに追随できないという現実から、小さく軽い小開発を繰り返し、その成果を次の小開発に反映する「アジャイル開発プロジェクト」が注目されている。既に米国のシステム開発の80%はこの「アジャイル開発」であるという。

　一方、日本では、アジャイル開発が必要だという認識が高まってきているものの、米国ほど普及していない。ビジネススピードの加速は先進国では共通の現象であるが、日本ではそれに合致させるアクションが追いついておらず、このままでは置いてゆかれる危機感がある。少なくとも現在のビジネススピードに追いつくことが必要だ。IT人材が不足していることや、ユーザがITサービス企業に対し依存関係にあり、ユーザが主導権をとれない現実があるにせよ、克服する方法を見つけ出し実行していかねばならない。その1つの方策が、アジャイル型のプロジェクト遂行の方法論を正しく理解し、それを実行できる人材を育て、停滞している状況を克服することだ。

　多くの識者は、以上の課題を「それは経営の問題」だと指摘している。経営者が身をもって課題を自社のこととし、上記の世の中の流れを感じ取り、社内を動かし、変化・改革の実行を決断し、業務遂行の許可を与え、進捗を監視することが必要である。幸いアジャイル開発は、目標の一致さえ得られれば、小さくスタートし、その試行的結果を見て判断して先に進むことができる。ITシステムの開発は、社内業務に変化と革新を起こす起爆材となりうる。しかも、「アジャイル開発」を採用し展開することは、試行しながら結果を見て方法を変更できる「環境適応型」方法論なのである。

第2章
アジャイル開発の概要

2.1 アジャイル開発とは何か

　今日のIT（Information Technology）の発展には目を見張るものがあり、まさしく現代社会を支える技術へと発展してきたといえる。ITの基本的な特徴は、ハードウェアとソフトウェアの組み合せにより構成されていることにあり、固定的なハードウェアをソフトウェアにより柔軟に動作させて、多様な機能を実現させている。

　ソフトウェアを開発する側からすると、この柔軟さ、自由度の高さをどのように制御、管理していくかが最大の課題であった。また、今後とも課題であり続けると理解されている。ソフトウェアを自由気ままに放置すれば、あるプログラマーが書いたソフトウェアは他の人には理解困難なものになり、その正しさを検証できない。ITは、豊かな機能大きな可能性をもたらすが、逆に制御困難で管理不可能な化け物となる危険性をはらんでいる。

　したがって、IT産業の進展とともに、ソフトウェアに関するルール、規格、標準、開発方法論の作成に多くの努力が注がれてきた。これらは、ソフトウェア産業の進化に大いに寄与したが同時にこれが次第に頑健になりすぎてきて、窮屈で重苦しいものと感じる人々が出はじめた。

　そして、1990年代の後半に、従来のプロセス重視の重い管理手法に対するアンチテーゼとして、軽量プロセスを提唱・実践する人々が出はじめた。アジャイル開発とは、このような軽量級のソフトウェア開発方法論の総称であり、それらのソフトウェア開発方法論に共通する考え方や哲学を指す言葉でもある。したがって、アジャイル開発に関する厳密な定義はなく、ソフトウェア開発方法論の大きな枠を指すものといえる。

2.2 アジャイル開発の誕生

　1990年代の後半においては、多様なアジャイル開発の方法論が提案されており、アジャイル開発を一義的に定義することは困難な状況にあった。そこで、関係する人々が、2001年2月にアメリカ・ユタ州に会し、それぞれの手法の共通部分を見出すべく、議論した。そして、その結果として合意できたことを、「アジャイルソフトウェア開発宣言（アジャイルマニフェスト）」としてまとめて、これを発表した。アジャイルマニフェスト [1] は、図2.1に示す内容になっている。

　図2.1にあるように、アジャイルマニフェストは4項目にまとめられている。各項目の左記の事柄に価値があることを認めながらも、右記の事柄により価値をおくと宣言している。まず、一番目の項目では、個人を何よりも尊重して、プロジェクトに関連する個人間が直接的に対話することが最も着実で効果的なコミュニケーションの基本であり最も重要なことであると述べている。

　二番目の項目では、動くソフトウェアで確認をしていくことが、どのようなドキュメント作成よりも大切であるといっている。膨大なドキュメントを作るよりも、実際にソフトウェアを動かして確認する方が、正確で効率よく情報伝達ができるということである。

　三番目の項目では、時間をかけた細かな契約よりも、顧客との協調こそが大切であると述べている。延々とした契約交渉よりも、顧客と本音で話し合い、何を優先的に実現すべきかを決定した方が効率的であり、顧客満足度を上げることができる。

　四番目の項目では、やみくもに計画に従うのではなく、変化を認めてそれに柔軟に対応するべきであると述べている。顧客の要求や環境は変化するのが当たり前であり、それに対応することこそがプロジェクト開発の目的に沿っていて、顧客満足度を向上させることにつながる。

私たちは、ソフトウェア開発の実践あるいは実践を手助けする活動を通じて、よりよい開発方法を見つけだそうとしている。この活動を通して、私たちは以下の価値に至った。

　　プロセスやツールよりも **個人と対話** を、
　　(Individuals and interactions over processes and tools)
　　包括的なドキュメントよりも **動くソフトウェア** を、
　　(Working software over comprehensive documentation)
　　契約交渉よりも **顧客との協調** を、
　　(Customer collaboration over contract negotiation)
　　計画に従うことよりも **変化への対応** を、
　　(Responding to change over following a plan)

価値とする。 すなわち、左記のことがらに価値があることを認めながらも、私たちは右記のことがらにより価値をおく。

Kent Beck	James Grenning	Robert C.Martin
Mike Beedle	Jim Highsmith	Steve Mellor
Arie van Bennekum	Andrew Hunt	Ken Schwaber
Alistair Cockburn	Ron Jeffries	Jeff Sutherland
Ward Cunningham	Jon Kern	Dave Thomas
Martin Fowler	Brian Marick	

© 2001, 上記の著者たち

この宣言は、この注意書きも含めた形で全文を含めることを条件に自由にコピーしてよい。

図2.1 アジャイルマニフェスト [1]

　アジャイルマニフェストは、次に挙げる 12の原則 (Principles behind the Agile Manifest) の基礎の上に構築されている [2]。これらの原則は実際にアジャイル開発を進めるうえでアジャイルマニフェストとともに遵守していくべきものである。

① 顧客満足を最優先し、価値のあるソフトウェアを早く継続的に提供する。

② 要求の変更はたとえ開発の後期であっても歓迎する。変化を味方につけることによって、お客様の競争力を引き上げる。

③ 動くソフトウェアを、2-3週間から2-3か月というできるだけ短い時間間隔でリリースする。

④ ビジネス側の人と開発者は、プロジェクトを通して日々一緒に働かなければならない。

⑤ 意欲に満ちた人々を集めてプロジェクトを構成する。環境と支援を与え仕事が無事終わるまで彼らを信頼する。

⑥ 情報を伝えるもっとも効率的で効果的な方法はface to faceで話をすることである。

⑦ 動くソフトウェアこそが進捗の最も重要な尺度である。

⑧ アジャイル・プロセスは持続可能な開発を促進する。一定のペースを継続的に維持できるようにしなければならない。

⑨ 技術的卓越性と優れた設計に対する不断の注意が機敏さを高める。

⑩ シンプルさ（ムダなく作れる量を最大限にすること）が本質である。

⑪ 最良のアーキテクチャ・要求・設計は、自己組織的なチームから生み出される。

⑫ チームがもっと効率を高めることができるかを定期的に振り返り、それに基づいて自分たちのやり方を最適に調整する

図2.2 アジャイルマニフェスト：12の原則
(Principles behind the Agile Manifest)[2]

　このアジャイルマニフェストには、図2.1の下部に記載されているのと同様、17名が署名しているが、その当時の世界のソフトウェアエンジニアリングのリーダーたちのほとんどが含まれている。したがって、アジャイルマニフェストは、多くの人たちに受け入れられることになり、これ以降「アジャイル開発」という言葉が定着していったのである。

2.3 アジャイル開発が生まれた背景

　前節では、「アジャイル開発」という言葉が生まれた経緯を簡単に説明した。以下では、アジャイル開発が生まれた背景にあるソフトウェア産業の動向について説明したい。

　アジャイル技術の誕生の背景として次の3つの要因が挙げられる。

> （1）ソフトウェア事業環境の変化
> （2）従来型のソフトウェア開発プロセスの限界
> （3）ソフトウェア技術の進歩

以下で、それぞれの要因について述べる。

（1）ソフトウェア事業環境の変化

　ビジネスのグローバライゼーションの進展とともに、インターネットベースのITシステム開発への要請、あるいはIoT（Internet of Things）による組込みシステムへのIT応用の要請は、ますます強いものとなっている。この激しい競争の中で、ITシステムの短期開発が強く求められており、これがアジャイル開発への期待に繋がっている。

　ソフトウェア事業環境の変化として、はじめに、ビジネスに占めるITの比重が増大していることが挙げられる。具体的には、次のような動向が強まっている。

・インターネットを活用し、世界をカバーするビジネスシステムの増加
・SNS（Social Networking Service）、SaaS（Software as a Service）、ビッグデータシステム等の新しいIT応用分野の出現とその重要性の増大
・エンベッディッドシステムにおけるIT高度利用（自動車、携帯、家電他）

- 製造現場におけるIT応用のシステム化（インターネットおよびスマートフォン活用によるプロセス間連携・統合化の進展）
- COIT（Consumerization of IT）の進展。企業向けソリューションの中に消費者向けの製品が浸透しつつある（例：iPhone、iPad、Facebook等の企業での利用）

このような動向の中で、日本の産業のグローバル化も進んでいる（[8]図表6-1-1、図表6-1-2）。業種別では、機械器具製造業の75%強が、また企業規模別では、従業員1,000人以上の企業の70%が既に海外進出している。全体としては、50%強の日本企業が海外進出を果たしており、各企業はグローバル化に対応するITシステムの構築を急がされている。

注目すべきは、IT化の進展と共に、企業のソフトウェア保有量は増大しているが、開発期間は短縮されているということである。米国における統計では（[9][10]）

- 企業が保有するソフトウェア規模（FP: Function Pointベース）は15年間（1990〜2005）で、大規模コンピュータメーカを例にとると10倍（50万FPから500万FP）に増大（[10]表2.1）
- 開発期間は約4分の3に短縮化（1,000FP平均〜27.60人月（1996年）から20.71人月（2005年））されている（[9]表3.26、[10]表3.25）
- 米国のソフトウェア技術者が用いてきた1人当りのソフトウェア機能の規模は、FPで集計して1990年で3,000FP、2005年で50,000FPで、15年間で17倍になっている（[10]表2.2）

(2) 従来型ソフトウェア開発プロセスの限界

前述したような激しいビジネス環境の変化に追随して行くためには、ITシステム開発期間を短縮していかなくてはならない。しかしながら、従来型のソフトウェア開発プロセス（ウォーターフォール開発プロセス）では、ビジネス環境の激しい変化に追随できない。

　従来型のウォーターフォール開発プロセスは次のように特徴づけられる。

- ・明確なフェーズ分け（分析・設計・実装・テスト・リリース）を行う
- ・フェーズ毎に作業を完結させ、原則としてフェーズが前に戻ることはない
- ・ドキュメントによるコミュニケーションである

　したがって、ウォーターフォール開発プロセスは次のような問題点を持っている。

- ・リリースまでに時間がかかる（一般に、1年半以上）。
- ・高度な**ユーザインターフェース**（たとえば、動的な**インターフェース**）は、ドキュメント記述が困難である。
- ・膨大なドキュメントと共に保守が必要であり、変更に弱い、変更が難しい。
- ・フェーズ毎の作業の終了はドキュメントベースであり（動くソフトウェアではない）、「真の完結」の確認が難しい。

このようなウォーターフォール開発の問題点を打破する方法として、アジャイル開発への期待が強まっていった。

（3）ソフトウェア技術の進歩

　一方、ソフトウェア技術自体も、著しい高速化等のハードウェア技術の革新にも支えられて、大きな進歩を遂げてきた。そして、それがアジャイル開発技術の基礎を築いた。

　具体的には、次のようなソフトウェア技術がアジャイル開発を支えている。これらのソフトウェア技術なくして、理念だけでアジャイル開発を実現することはできなかった。

- ・オブジェクト指向技術の活用

　オブジェクト指向技術は実世界のモデリング能力に優れていて、強力なモジュール化機能（結果としての再利用能力の強化）を持っている。

- ・再利用可能な資産の蓄積
  - モジュール部品
  - フレームワーク
  - デザインパターン
  - アーキテクチャパターン
  - 各種パッケージ
  - その他
- ・自動化ツールの充実
  - オブジェクト指向言語 (Java 他) およびその開発環境
  - 開発支援・テスト自動化ツール
  - 開発作業管理ツール
- ・インターネットの進歩
  - 各種情報の共有
  - 開発メンバー間の作業連携を支援

2.4 代表的なアジャイル開発技法

　アジャイル開発技法としては、多様なものが提案されてきているが、代表的なものを表2.1に示す [3]。これらの中でも、XP [4] [5] とスクラム [6] が最も多く利用されており、アジャイル開発全体の70 ～ 80％で使われていると言われている。特に、日本について言えば、XPとスクラム以外のアジャイル開発技法はほとんど使われていない。XPがプログラミングを中心とした具体的技術が中心になっているのに対して、スクラムはプロジェクト管理が中心になっている。

　XPでは、テスト駆動開発TDD (Test Driven Development)、常時結合CI (Continuous Integration)、リファクタリング (Refactoring) などのアジャイル開発の具体的な技術を提案してきた。これらは、今日もなおアジャイル開発の中核的な技術として活用されている。XPは、プロジェクト管理面においても多用な手法を提案しているが、基本的にはプログラミング工程の管理に焦点を絞っている。一方、スクラムでは具体的な技術手法を含まず、プロジェクト管理の方法が中心になっている。ただし、プロジェクト管理の対象が

広く、プログラミング工程だけでなくモデリングや設計工程も対象として取り扱えるようになっている。

このためにXPとスクラムは補完関係にあり、実際の現場では組み合わせて活用されることが多い。本書では、XPについては4.1節で、スクラムについては4.2節で、より詳細を説明する。

Crystalは、Alistair Cockburnにより提案されたソフトウェア開発方法論 [7] である。

(i) Clear
(ii) Yellow
(iii) Orange
(iv) Red

の4種類に分類され (i) 〜 (iv) の順序で開発規模は大きくなり、開発に伴う危険度、難易度が増す。この分類ごとにそれに適した開発方法を採用すべきである、と主張している。(i) のCrystal Clearは、1つの小規模のチームで開発するようなソフトウェア開発に適用するもので、XPの開発対象とほぼ重なる。

ASD (Adaptive Software Development)は、Jim Highsmithにより提唱されたアジャイル開発方法論である。ソフトウェアの開発環境、開発条件は常に変化し、関与者の意見も食い違いがちである。それにどのようにして適応 (Adapt) していくかが大切であり、そのための方法論を説いている。ASDでは、変更 (Change) と戦うのではなく、協調していくことが大切だとしている。そして、そのためにも開発サイクルを短く、高頻度にすることを基本としている。

FDD (Feature Driven Development) はPeter Coad他により提案されたアジャイル開発方法論である。Featureとは顧客価値に基づく機能性を意味する。ドメインエキスパートとの共同作業によりドメインオブジェクトモデルを構築し、これに基づいて作成されたFeatureを開発グループに割り当てる。1つの開発グループが1つのFeatureを担当し、複数のグループで共同開発する。シンガポール銀行でのソフトウェア開発経験およびオブジェクトモデリング技法がFDDの基礎になっている。

DSDM (Dynamic Systems Development Method) は、British Air, AMEX, Oracle等のメンバー (当初16社) によるDSDMコン

ソーシアムで開発されている。固定された予算と工期の範囲で、優先付けされた機能を開発することを主眼としている。すなわち、開発すべき機能が固定されていて、それに基づき予算と工期が決まる従来の考え方から発想を変えることを主張している。DSDMでは軽量なモデリング、プロトタイピング、ユーザによるテスト、構成管理に特に重点が置かれている。

表2.1 代表的なアジャイル開発技法 [3]

技法名称	発案者	概要
XP (eXtreme Programming)	Ward Cunningham, Kent Beck, Ron Jeffries	比較的少人数の開発に適用。5つの価値と12の具体的プラクティスを定義。
Scrum (スクラム)	Ken Schwaber, Jeff Sutherland, Mike Beedle	プロジェクト管理技術が中心。顧客は開発途中で要求を変更可能。素早い対応のためのチーム能力最大化が主テーマ。
Crystal	Alistair Cockbum	プロジェクト管理技術が中心。顧客は開発途中で要求を変更可能。素早い対応のためのチーム能力最大化が主テーマ。
ASD (Adaptive Software Development)	Jim Highsmith	プロジェクト管理技術が中心。顧客は開発途中で要求を変更可能。素早い対応のためのチーム能力最大化が主テーマ。
FDD (Feature Driven Development)	Jeff De Luca, Peter Coad, Stephen R.Palmer, Jhon M. Felsing	Featureとは顧客価値に基づく機能性のこと。シンガポール銀行での開発経験とオブジェクトモデリング技術が基礎となっている。
DSDM (Dynamic Systems Development Method)	DSDM Consortium	British Air, AMEX, Oracle等によるコンソーシアムによる開発。固定された予算と工期の範囲で、優先付けされた機能を開発。

2.5 アジャイル開発のこれから

　その誕生の歴史において、アジャイル開発はウォーターフォール開発の批判者として登場した。また、そのことを意識して、ウォーターフォール開発を進める人たちはアジャイル開発に反発し、批判した。このような論争は2000年代まで続いたが、2010年代に入ると米国においてはアジャイル開発が多くのユーザに受け入れられるようになり、「アジャイル対ウォーターフォール」論争は少なくなった。代わりに、「アジャイル開発をどのように強化するか、どのように拡張するか」の議論が主流を占めるようになった。

　新しい議論の焦点の1つはエンベッディッド（組込み型）システムの領域におけるアジャイル開発の適用である。今や、IT応用はエンベッディッドの世界に広く、深く広がりつつある。この世界も厳しいグローバル戦争を繰り広げており、開発期間の短縮が至上命題である。最近ではエンベッディッドシステムとIoT (Internet of Things) が重なりあってきている。アジャイル開発はエンベッディッドの業界で着実に取り込まれつつある。

　もう1つの焦点は大規模システムの開発へのアジャイル開発の適用である。アジャイル開発は、生まれた当初は、小規模システム開発用と考えられてきたが、いまや大規模システム開発用としても期待が高まっている。大規模システムをより小さな中小規模のサブシステムに分割して、それぞれでアジャイル開発を行い、その後にこれらのサブシステムを統合していくという考え方である。また、アジャイル開発を要求分析、ドメインモデル開発等の上流工程にも適用し、その成果を後続する中下流工程でのアジャイル開発に接続していく、という考え方も示されている。この新しい分野において、いくつかの提案が生まれてきている。これらについての詳細は、「第6章　上流工程を組み込んだ拡張アジャイル開発」で解説する。

第3章
アジャイル開発の特徴

3.1 アジャイル開発と ウォーターフォール開発の比較

　本節では、アジャイル開発とウォーターフォール開発を比較して、両者の相違点を分かり易く説明する。両者ともに相手から学んだことをフィードバックして改善を加えているので、状況は年々変化している。例えば、アジャイル開発は小規模システム開発に適していて、大規模システム開発は苦手であったが、本書の6章にあるようにこの点を改善していこうとの動きがある。

　したがって、以下の比較は、典型的なアジャイル開発とウォーターフォール開発の比較ということでご理解頂きたい。

（1）アジャイル開発とウォーターフォール開発の ホームグラウンド

　Barry BoehmとRichard Turnerは、アジャイル開発とウォーターフォール開発が得意とする分野について比較している [27]。表3.1は、それを要約してまとめたものである。

　表3.1の「人」の項に、開発者のレベルに関する記述がある。これは、Alistair Cockburnによる開発者のレベル分けを参考としてそれに改訂を加えたものである。Cockburnによる開発者のレベル分けは、次の3段階からなる [7]。

・レベル1：従うレベル。成功する1つの手順だけを学習している。
・レベル2：取り外すレベル。1つの手順の限界を意識している。

様々な環境に手順を適応させることを学習している。
・レベル3：流れるレベル。特定のテクニックに限定されず、多くの思考や行動と統合されている。

　Cockburnは、このレベル分けを日本の合気道の学習のレベルである「守破離」（[7] p.22）を参考として定めたようである。

　Boehmらは、このCockburnのレベル分けに改訂を加えた。レベル1をレベル1Aとレベル1Bに分割し、また、レベル1に満たないレベル-1を定めた。この改定したレベル分けを表3.2に示す。

表3.1 アジャイル開発とウォーターフォール開発のホームグラウンド
(Boehm & Turnerによる [27])

	特徴	アジャイル開発	ウォーターフォール開発
アプリケーション	主要な目的	迅速な価値、変化への対応	予測可能性、安定性、高い確実性
	規模	小規模なチーム、プロジェクトチーム	大規模なチーム、プロジェクトチーム
	環境	混沌、激しい変化、プロジェクトチーム中心	安定、少ない変化、組織／プロジェクトチーム中心
マネジメント	顧客との関係	専任のオンサイト顧客、優先順位付けされた開発項目	必要に応じた顧客とのやりとり、契約条項中心
	計画と管理	内在化された計画、質的制御	文書化された計画、質的制御
	コミュニケーション	個人間の暗黙知	文書化された形式知
技術	要求	優先順位付けされた形式にこだわらないストーリーとテストケース、予想できない変化の受容	正式に認可されたプロジェクトチーム、予測可能な諸条件（能力、インターフェイス、要求）の変化
	開発	シンプルな設計、短いイテレーション、リファクタリングは低コストであると想定	大規模な設計、長い開発期間、リファクタリングは高コストであると想定
	テスト	実行可能なテストケースで要求を定義	文書化されたテスト計画および手続き
人	顧客	専任、常駐、CRACK (Collaborative, Representative, Authorized, Committed, Knowledgeable)（注）を満たす	常駐はしない、CRACKを満たす
	開発者	Cockburnのレベル2、3が30％以上、レベル1B以下は無し	初期はレベル3が50％、通期では10％、レベル1Bが30％可
	文化	高い自由度がもたらす権限移譲	方針、手続きがもたらす権限移譲

(注)顧客が「協調的で、代表をしており、権限を持っており、任されていて、知識を持っている」人物であることを表す。

表3.2 ソフトウェアエンジニアの理解と利用のレベル
（Boehm & Turnerによる [27]

レベル	特徴
3	先例のない新しい状況に適合するために、（ルールを破ってでも）手法を改定することができる。
2	先例のある新しい状況に適合するために、手法をカスタマイズできる。
1A	トレーニングを受ければ、手法の手順のうち自由裁量の部分を遂行できる(例えば、インクレメントに応じた開発ストーリーの調整、パターンの開発、リファクタリング、パッケージの活用・統合等)。経験を積めばレベル2になれる。
1B	トレーニングを受ければ、手法の手順のうち手続き的な部分を遂行できる(例えば、単純なメソッドのコーディング、簡単なリファクタリング、コーディング標準や構成管理基準への準拠、テストの実行等)。経験を積めば、レベル1Aになれる。
−1	技術的スキルは持ち合わせているかもしれないが、協調したり共通の手法に従ったりできない (あるいはしたがらない)。

（2）アジャイル開発とウォーターフォール開発を 特徴付ける5つの主要因

　前記（1）を前提として、アジャイル開発とウォーターフォール開発を特徴付ける5つの主要因を表3.3に示す（[27] p.75）。

表3.3 アジャイル開発とウォーターフォール開発を特徴付ける5つの主要因 [27]

要因	アジャイル開発	ウォーターフォール開発
規模	小規模な製品、チーム向け。暗黙知に依存しているため大規模化は困難。	大規模な製品、チーム向け。小さなプロジェクト用に切り詰めるのは困難。
重要度	安全性が重視される製品への適用例はない。設計がシンプルで文書が少ないことが前提。	重要度の高い（例えば、ソフトウェアの欠陥により生命が失われる可能性がある）製品向けに進化した手法である。重要度の高くない製品用に切り詰めるのは困難。
変化の度合い	変化の度合いが高い環境で、設計をシンプルにして継続的にリファクタリングしていく。	安定した環境で事前の大きな設計 (Big Design Up Front) を実施する。不安定な環境ではやり直しのコストが高くつく。
人	レベル2,3の熟練者が開発期間を通じて十分な割合で必要。レベル1Bのアジャイルに慣れていない人を使うことによるリスクは高い。	プロジェクトの初期段階ではレベル2,3の熟練者が必須。後期の段階では、レベル1Bの人も使える。
文化	高い自由度を持つことで、快適で権限が与えられていると感じられる文化で繁栄する。（カオスにおける繁栄）。	明確な方針と手続きで自分の役割が定義されていることを感じられる文化で繁栄する。（秩序における繁栄）。

（3）アジャイル開発かウォーターフォール開発か——
採用選択要因

　ソフトウェア開発において、アジャイル開発あるいはウォーターフォール開発のどちらを採用するかの選択要因をまとめたものを図3.1に示す。図3.1は、表3.3を数値化して極グラフにしたものである。この5軸の極グラフ上にプロジェクトの特徴をプロットして、内側に特徴付けられればアジャイル開発が、外側に特徴付けられればウォーターフォール開発が向いていることになる。

　もしも、プロジェクトの特徴が極グラフの内側とも外側のどちらとも言い切れない、あるいは内側と外側の両方が混ざっているとなると、選択に苦しむことになる。その場合にはプロジェクト内容にもよるが、アジャイル開発とウォーターフォール開発を組み合わせることも考えられる。

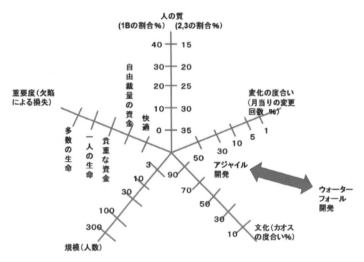

図3.1　アジャイル開発かウォーターフォール開発かの選択要因

3.2 アジャイル開発の特徴

　アジャイル開発の基本理念は、システム全体を一括して開発するのではなく、小さな単位に分割して繰り返しながら段階的に積み上げていくことにある。このために、以下のことを行なう。

① 時間（開発期間）を分割する

② 機能（開発対象機能）を分割する

③ そして、ビジネス優先順位をつけて開発対象機能を開発期間に割り当てる

　上記の3つの観点において、アジャイル開発は従来型のウォーターフォール開発と大きく異なる。

　以下では、アジャイル開発を特徴付ける基本的な性質を次の順番で説明する。時間、機能、ビジネス優先順位のどれを優先的に扱うかは、開発対象システムがその時におかれた状況により異なる。ビジネス優先順位の観点からは (1) で、時間分割の観点からは (2) ～ (4) で、機能分割の観点からは (5) で説明する。また、関連するその他の重要項目については (6) ～ (9) で説明する。

---

(1) 重要度の高い機能から優先的に開発する

(2) 短期間繰返し開発、動くソフトウェアで顧客と確認

(3) 反復型開発期間＝タイムボックス（開発期間を固定化）

(4) 反復型開発期間を固定するが開発項目は固定しない

(5) 開発対象の機能分割（1つの反復型開発期間内に収まるように分割）

(6) 顧客、チームメンバー間の直接対話

(7) すべての作業をチケット管理する

(8) 自動化ツールの高度の活用

(9) ドキュメントの作成を最小限にする

（1）重要度の高い機能から優先的に開発する

　アジャイル開発では、全体の機能を小さな機能に分割して、これらに優先をつけ、優先度の高い機能から順番に開発する。

　優先度は、顧客にとってのビジネス的価値に基づいて設定する。したがって、アジャイル開発ではビジネス的価値が高いものが早期に開発され顧客に提供されることになる。一般的にビジネス価値の80％は、全ソフトウェアの20％で実現されるという。アジャイル開発では、開発の初期の段階で重要な機能を顧客に提供し、その妥当性を検証することができる。

　一方、ウォーターフォール開発では、最終工程の終わりにすべての機能が提供されることになる。つまり、ソフトウェアの価値の高い部分も低い部分も一緒になって最後に提供される。したがって、機能の提供時期において、両者の差は極めて大きい。

　ウォーターフォール開発では、優先度の議論を抜きにして設計者が必要と思う機能を開発する。この結果、ウォーターフォール開発される機能のうちの70％程度は一度も使われないものになるといわれる。アジャイル開発では、優先度順の開発が行われ、常に機能の必要性が議論されていくため、必要性の低い機能は後回しにされていき、結果的にまったく開発されないこともある。ソフトウェアは使われてこそその価値を発揮する。したがって、ROI（Return of Investment: 投資利益率）からみると、アジャイル開発は価値の先出しをしており、ウォーターフォール開発に比べてはるかに有利である。

　アジャイル開発の優先順位は、ROI の観点から決定する。ただし、ROI の計算は簡単ではなく、手間のかかる作業であるため、機能ごとにROIを計算するのは難しい。また、これまでに積み上げられてきたアジャイル開発の経験によれば、ROI を計算しなくても、直観的に、あるいは関係者間での議論により優先順位を決定することができる、ということである。したがって、アジャイル開発ではROI 算出のための見積もりは、開発リスクの高い機能に限定される。

　見積もり作業は一般的に極めて高価である。優先順位に関しては、各開発機能に一律の優先度をつけるだけでなく、優先度分類をつけ

てさらに分かり易くするとの考え方もある。例えば、「特急」、「必須納期」、「普通」、「指定困難」等の分類をして、その開発機能の性格付けを明確にするのである。

(2) 短期間繰返し開発、動くソフトウェアで顧客と確認

アジャイル開発においては、機能を小機能に分割して短期繰返し開発を行う。そして、繰返し開発期間毎に実際に動作するソフトウェアを顧客に提供して、その妥当性を確認する。

現代のITシステムのほとんどがネットワーク経由のオンラインシステムであり、しかも高度なユーザインターフェイスを持っている。その動作の妥当性をドキュメントだけで検証することは困難であり、実際に動かしてみる必要がある。また、既存機能を複雑に組み合わせて新機能を実現する場合も、机上だけで考えるよりも、実際に動かしてみる方が早く開発できる。

その動作に不適当な部分が指摘された場合には、次の反復開発期間で、すなわち、短期間のうちにこれを修正する。また、顧客からの変更要求に対しても、短期間で対応する。このようにして、動くソフトウェアによる顧客との協調、体験の共有を大切にしていく。

開発対象のソフトウェアの規模が比較的に大きくて優先度の高い機能の実現が困難な場合は、

① 下位層の機能、外部システムとのインターフェイスはシミュレータで動かし、上位層（顧客とのインターフェイス層）を早く動かす。

② 主機能を早く動かし、例外処理機能の開発は後回しにする。

といった工夫をして、当機能を早期に動かす。

(3) 開発期間を固定化する
（反復型開発期間＝タイムボックス）

　開発対象に対して開発期間がかかるとの考え方をしない。イテレーション（Iteration）と呼ばれる反復型開発期間があって、その中に入るように「開発対象」を調整する。開発期間の長さを調整することはしない。そこでは、反復型開発期間は、いわばタイムボックスとしての役割を果たす。

　開発が予定とずれた場合でも開発期間を変更することはない。タイムボックスは固定であり、調整は中身の開発項目の削減、または追加により行う。すなわち、時間（開発期間）と機能（開発項目）との調整において、時間が常に優先するのである。

　プロジェクトが進むにつれて、開発メンバーの心身のリズムもタイムボックスに同期していく。これをハートビートという。その長さ は、開発対象の性質に依存し、おおむね　2週間〜3か月である。1週間は短すぎ、1か月は長すぎ、2週間が標準的と言われる。 顧客側もタイムボックスに同期して、プロジェクトの開発、拡張計画を進めていく。

(4) 反復型開発期間を固定するが開発項目は固定しない

　一般的にソフトウェアのビジネス価値の80％は、全ソフトウェアの20％の量で実現されるという。アジャイル開発では、ビジネス価値の高い機能、すなわち、幹、枝、葉の順番で開発されて行く。一方、ウォーターフォール開発では、木全体が同時に開発されていく。

　アジャイル開発では、開発すべき機能は大きく変動するものと考える。開発され動作した機能に対して顧客からのフィードバックが入り、顧客のビジネス環境も変化していく。

　前述したように、アジャイル開発では、工期と工数が固定されている。しかし、機能は変更が可能である。顧客は途中成果をレビューして考えを変えるかもしれない。あるいはコンペティターの動向などビジネス状況の変化を見て、開発機能を変更したくなるかもしれない。

アジャイル開発はこのような開発内容の変更要請に柔軟に対応していく。この特徴は、顧客にとって極めて大きなビジネス価値を生み出すことになる。

ウォーターフォール開発では、「大切なことは、始める前によく考えて計画しよう」と考える。アジャイル開発では、「やってみなければ分からない、大切なことは早く挑戦して、不都合な点は早く修正しよう」と考える。

(5) 開発対象の機能分割

アジャイル開発では、全体の機能を小さな機能に分割して開発するわけであるが、分割された機能は1つの反復型開発期間内に収まる必要がある。それと同時に、分割された機能は独立性を持ったものでなくてはならない。したがって、アジャイル開発においては機能分割が可能な高度の構造性、モジュール性を考慮した設計が要求される。このような設計ができていないプロジェクトにおいては、アジャイル開発を適用することはできない。

ウォーターフォール開発では計画をしっかりと作るが、アジャイル開発では計画は適当にしてまず始めればよい、と理解している人がいる。これは、まったくの誤解である。ウォーターフォール開発では、上流工程ですべての計画を作成することになっているが、アジャイル開発では、作業の進捗に沿って必要な計画が進められる。すなわち、計画作成作業が時間軸上で分散されている。次にリリースする機能の詳細分割は、そのリリースの開発が始まってから行われる。アジャイル開発での機能分割（機能設計）は、その分割された機能の1つひとつを短時間の開発期間の中で動作させなければならないためモデリングするだけではなく、実装し、動作させることが要求される。したがって、ウォーターフォール開発と比べて、はるかに厳しい綿密な計画作業が要求されるのである。

アジャイル開発における機能分割については、後述する5.2節 (4) でさらに詳細を解説する。

(6) 顧客、チームメンバー間の直接対話

　顧客とチームとの連携、およびチームメンバー間の連携が大切である。アジャイルプロセスの中に組み込まれた定期的（毎朝、各開発サイクル毎）、非定期的な打ち合わせが大切である。顧客こそが実際の業務および業務環境、真の要求仕様を知っている。これらをドキュメントに正確に記述するには膨大な工数がかかる。たとえ膨大な工数をかけたとしても、必ずしも十分には伝わらない。それよりも顔を突き合わせた直接的な対話、および実際に動くソフトウェアの提供のほうがはるかに効果的であり、効率がよい。

　顧客との対話で最も重要なことは、繰返し開発期間の開始時の計画打ち合わせと、終了時のレビューである。開始時には、その開発期間で開発する機能項目の妥当性、また、それらの機能の開発優先度を議論する。もしも開発工数が予定をオーバーした場合には、より開発優先度の低い機能を次の開発期間へと後方シフトする必要がある。開発期間終了時のレビューは、その期間で開発したソフトウェアを動作させながら行う。実際の動作を見ながらのレビューになるので、顧客からは極めて明確なフィードバックが得られることになる。

　直接対話は、チームメンバー間のコミュニケーションにおいても重要である。相談はドキュメントやメールで行うのではなく、直接的な対話によって行う。このためにチームメンバーは同じ部屋で相手の姿が見える環境で仕事をしているのが前提である。必要であれば非定期的な臨時の打ち合わせを持つ。長時間でなく5分、10分の打ち合わせを持って直接対話により問題を解決していくのである。直接対話により、中身の濃い高度なコミュニケーションができ、ドキュメント作成の工数が大幅に削減されて、その分の効率が上がる。一方で、他のメンバーからの直接対話の要請に対しては気軽に応じなければならない。「割り込みされるのは嫌だ」、「自分は自分流で開発したい」との思いは捨て去る必要がある。アジャイル流の文化に慣れなければならない。

(7) すべての作業をチケット管理する

アジャイル開発ではすべての作業をチケットで管理する。チケットには、チケットID、作業内容概要（基本的に1行）、その他が記述されている。開発作業でなく調査作業であってもチケットとIDを割り当てる。これにより、あらゆる作業がIDを持つことになる。IDのない作業は存在しないので、IDをキーとした集計がその開発期間の作業全体の実態を表すことになる。

ID管理のためには、何らかの集計ツールを活用するとよい。それによりチームメンバーは、その繰返し開発期間において、どのような作業が完了し、どの作業が進行中で、どの作業が未着手であるかの実態をネット上でリアルタイムに共用できる。何が遅れているか、誰が遅れているかや、全体としての進捗状況など、をチームメンバー全員が共有、把握できる。

(8) 自動化ツールの高度の活用

アジャイルマニフェストでは、自動化ツールの活用を勧めてはいない（もちろん、否定もしていない）。しかし、実際のアジャイル開発において自動化ツールの活用を欠かすことはできない。例えば、代表的なアジャイル開発技法の1つであるXPにおいては、コード分析・評価ツール、継続的インテグレーションCI (Continuous Integration) ツール、単体テスト支援ツール等の活用を標準プロセスの中に組み込んでいる。

自動化ツールを活用することにより、作業効率を向上させ、作業の正確性を改善させることができる。また、各種の作業管理指標を自動収集し、図表などの分かり易い形式で集計することも可能である。

このように自動化ツールの活用が大切なことは分かってはいても、その開発や導入にはそれなりの投資（費用、工数）が必要であり、二の足を踏むことが少なくない。一般的にどのような自動化ツールであっても、その投資を短期間の効果で回収することは困難である。複数回のリリース、複数プロジェクトへの適用を経て、初めて回収ができる場合が多い。したがって、単一プロジェクトでの短期回収をベー

スとした担当レベルでの計画だけでは、回収計画がうまくまとめられない。上位リーダーや管理者を含めた、大局的、中長期的な見地からの開発、導入計画を立てることが大切である。

　アジャイル開発で活用されている代表的な自動化ツールとしては、以下に紹介するようなものがある。これらのツールは、ツールとして提供されているだけでなく、クラウド上のサービスとして提供されているものもある。

(i)　コード分析・評価ツール

(ii)　変更歴管理ツール、バージョン管理ツール

(iii)　継続的インテグレーションCI（Continuous Integration）
　　　ツール

(iv)　ビルドツール

(v)　単体テスト支援ツール

(vi)　GUIテスト支援ツール

(vii)　システム環境設定・管理ツール

(viii)　ITS（Issue Tracking System）

　アジャイル開発工程のどの工程で上記の自動化ツールが使われるかを表3.4に示す。これらの自動化ツールはコーディング工程以降の工程を対象としている。それより上流のモデリング、設計工程対応の自動化ツールについては表6.2にまとめてあるのでそちらを参照されたい。

表3.4 アジャイル開発の各工程で利用される自動化ツール

アジャイル開発工程名	自動化ツール分類	具体的な自動化ツール（例）
コーディング	変更歴管理ツール、バージョン管理ツール	CVS, Subversion, Git, GitHub
ビルド	ビルドツール、構成管理ツール	ANT, Maven, Gradle
統合 (CI)	CI (Continuous Integration) ツール	Jenkins
単体テスト	単体テスト支援ツール	JUnit
コードレビュー、リファクタリング	コード分析・評価ツール	Checkstyle, PMD, FindBugs, Jtest, PMD-CPD, JDepend, JavaNCSS, Covertura
機能テスト、GUIテスト	GUIテスト支援	Selenium2
システムテスト（クラウド上のテストを含む）	システム環境設定・管理	puppet, Chef
工程全般	ITS (Issue Tracking System)	Trac, Redmine

　上記 (i) 〜 (viii) の自動化ツールの詳細については付録1で解説しているのでそちらを参照されたい。

(9) ドキュメントの作成を最小限にする

　ウォーターフォール開発では、ドキュメントの作成、保守が大きな問題であった。膨大な工数をかけて大量のドキュメントを作成、保守しながら、それらがほとんど利用されないという現実があった。

　アジャイル開発では、アジャイルマニフェストにも記述されているように、動くソフトウェアを提供することに力を注ぎ、ドキュメントの作成、保守に伴う工数を最小限にする努力をする。ドキュメントではなく以下の手段を提供することにより、ソフトウェアの理解を容易にするための努力をするのである。

- ・動くソフトウェアを早期に提供する
- ・リファクタリング（4.1 XPの節で後述）により、プログラムコードそのものを理解し易いものにする
- ・TDD（テスト駆動開発：4.1 XPの節で後述）により、プログラムコードとセットにしてテストプログラムコードを作成し、プログラムの動作を理解し易くする

第**4**章
アジャイル開発プロセス

　本章では代表的なアジャイル開発プロセスであるXPとスクラムについてその詳細を説明する。

4.1 アジャイル開発プロセス―1:
　　 XP (eXtream Programing) [4] [5]

（1）XPとは何か

　XP (eXtreme Programming) とは、
　　　良いと思われる「もの・こと」を極限 (extreme) まで行い、
　　　不要と思われる「もの・こと」は一切行わない
　というソフトウェア開発手法である。XPは、アジャイル開発手法の代表的なものの1つとしてとらえられている。
　XPは、次のような価値を生み出す。
　　・ビジネスの変化への迅速な対応
　　・プロジェクトのリスクの軽減
　　・ソフトウェア生産性の向上

　XPは、次の3人が共同で提唱した。
　　　Ward Cunningham (the inventor―発案者)
　　　Kent Beck (the articulator―表現者)
　　　Ron Jeffries (the realizer―実現者)

　上記の3人のうち、Kent Beckが表現者として表に立つことが多いため、XPは、Kent Beck個人によって提唱されたと誤解している人

が多いが、実際には共同で提唱された。

XPは、Kent Beck、Ron Jeffries等が働いていたクライスラー社の給与計算システムでの経験をもとに開発されている。基本的な考え方をまとめた下記の本は、2000年に出版された。

Extreme Programming Explained: Embrace Change (first edition). by Kent Beck, Pearson Education 2000. [4]

Kent Beckは、その5年後に別の共著者と共に、この本のsecond editionを出版した [5]。その第17章にXPの起源に関するクライスラー社との話が書いてある。

first editionとsecond editionでは、概念の整理の仕方が異なっていて若干とまどうところがある。本書では、両者の共通の部分を取り出して記述するようにした。

(2) XPが重視する5つの価値

XPでは、次の5つの価値（XP本のfirst editionでは (i) ～ (iv)の4つの価値が記述されていて、second editionで5番目の価値として (v) 尊重が加えられた）を重視する。そして、これらの価値を高めるべく、(3) に述べるプラクティスを定義・実践する。

(i)　コミュニケーション（Communication）

(ii)　シンプル（Simplicity）

(iii)　フィードバック（Feedback）

(iv)　勇気（Courage）

(v)　尊重（Respect）注）

(注) 表4.2 スクラムでは、「尊敬」だが、XPではオリジナル翻訳に従い「尊重」とする。

(i) コミュニケーション

コミュニケーションは、プロジェクトの推進に極めて重要であり、その不足が多くの問題の原因となっている。エンドユーザ、プログラマー、マネージャー相互間では、システム要件、設計の意図、障害・トラブル、進捗などを十分に伝達する必要がある。

また、XPの実践はコミュニケーションなしに行えない。XPのチーム全体の理念はメンバー間のface to faceのコミュニケーションを前提としている。また、ペアプログラミングは、ペアを構成する2人の間の密接なコミュニケーションなしには実現しえない。

(ii) シンプル

すべてをシンプルに行うことが求められる。まず今日の分についてシンプルな実装を行い、明日に必要なものは明日に実装する「今日、実装した複雑な機能は、明日は使わないかもしれない」と考え、先取りして今日のうちにやっておく、との考え方は棄てる。先取りは、今日の仕事を複雑にし、成功する確率よりも、失敗する確率の方が高い。この考え方は、YAGNI (You aren't going to need it) [1]と呼ばれている。

また、システムがシンプルなら、コミュニケーションしやすい。アジャイル開発では、最もシンプルなコミュニケーションの方法は、ユーザとの直接会話によるコミュニケーションであると捉えている。

(iii) フィードバック

最も情報量の多いフィードバックの方法は、「稼働するシステム」によるものである。具体的には、以下のとおりである。

- ・要求：ユーザに操作してもらう
- ・設計：実際のコードを参照し、機能追加をしてみる
- ・品質：稼働しているシステムに対してテストを行う
- ・進捗：動作している機能と実績を見る

---

[1] 何もかもを後回しにして、しかるべき進捗が得られなくなるという懸念から、「YANGIの実際の運用は難しい」との批判もある。単にYANGIを合言葉とするだけでなく、実際の運用ルールを作ったうえで運用する必要がある。

（iv）勇気

（ⅰ）～（ⅲ）と結びつき、以下のような勇気は極めて価値のある大切なものとなる。
- ・欠陥の修正において、旧いコードを捨て去る勇気
  （リファクタリングする勇気）
- ・システムをシンプルに保つ勇気
- ・嘘のないコミュニケーションを行う勇気
- ・メンバーからのフィードバックを受け入れる勇気

（v）尊重

（ⅰ）～（ⅳ）の価値の背後には、尊重というもう1つの価値がある。チームメンバーの発言や行動に感心を持ち、それを尊重することによって、（ⅰ）～（ⅳ）は価値を発揮する。

（3）XPの実践—4分類のプラクティス

XPで実践すべき項目（プラクティス）として、次の12項目がある。以下でその詳細を説明する。プラクティスは、12項目から構成されるので、その分類と説明には工夫が必要である。前述した、

"Extreme Programming Explained: Embrace Change" by Kent Beck, Pearson Education 2000. [4]

first editionではまったく分類されておらず、ただ12項目が並んでいるだけである。一方、second editionでは、この12項目以外も加えられて複雑な分類になっている。本書では、wikipediaの分類法[18]を参考にして、以下のP-1～P-4の4分類で説明する。

P-1. きめ細かなフィードバックのためのプラクティス
  (i) ペアプログラミング
  (ii) 計画ゲーム
  (iii) テスト駆動開発
  (iv) チーム全体

P-2. 継続的プロセスのためのプラクティス
  (i) 常時結合
  (ii) リファクタリング
  (iii) 短期リリース

P-3. 理解の共有のためのプラクティス
  (i) コーディング標準
  (ii) コードの共有
  (iii) シンプル設計
  (iv) システムメタファー

P-4. 労働時間の改善のためのプラクティス
  (i) 継続可能な作業ペース

（P-1）きめ細かなフィードバック

(i) ペアプログラミング（Pair Programming）[11]

　ペアプログラミングは、1つのプログラムを2人のプログラマーが共同で開発する方法である。2人が別々に開発するよりも、生産性も信頼性も向上するという。2人のプログラマーが1台のマシンの前に座り、1人はキーボードを操作してプログラムを入力する。もう1人はこの入力されたプログラムをレビューして、その妥当性に対して意見を言う。また、入力するプログラマーはもう1人のプログラマーに助言を求めることもできる。入力を交代しながら、実施し、ペアの組み合わせは、短い時間で変えていく（ペアローテーション）。

ペアプログラミングにより、次のような効果が期待できる。[*2]

- ペアによって知識がチームに行きわたり、共有される
- 徒弟制度的教育効果（未熟プログラマーの訓練になる）
- 開発時間が1人で開発する場合の約半分になる
- 欠陥率が大幅に低減される
- 同じ機能をより少ないコード量で実装できる
- 個別に1人でプログラミングするよりも楽しい、したがって、キープログラマーを失うリスクが減少する（士気が向上、定着率向上）

(ii) 計画ゲーム（Planning Game）

計画ゲームとは、プロジェクト計画の役割・手順をゲームのルールとして明示することである。

これは、プロジェクトに最大の効果を発揮させるためのユーザとプログラマーの重要な共同作業として位置付けられる。各々の役割分担は次のとおりである。

- ユーザ：開発項目、プライオリティ、リリース構成と日程の提案と作成
- プログラマー：作業見積り、作業プロセス、詳細スケジュールの提案と作成

ゲームの基本ルールは、各々の役割分担を果たすことと、相手を尊重して計画を擦り合わせることにある。計画はストーリーに展開される。ストーリーの内容は、以下に従う。

- ユーザから見た機能（詳細仕様ではない）を書く
- ユーザの言葉で書く
- 1～2行で簡潔に書く
- 見積もりができるように書く

そして、ストーリーはストーリーカード（紙または電子帳票）に以下にしたがって作成、取り扱いされる。

- 1枚のカードに1ストーリー

[*2] ペアプログラミングに対して、断固たる反対論者もいる。上記のような理想的な効果を上げることのできるペアは簡単には組めない、常に組めるとは限らない、との批判である。

- 開発優先度、見積り時間、実開発時間を書く
- 補足資料を添付してもよい
- 気になる点は備考に書く
- ストーリーの分割・縮小・明確化などで不要になったカードは破り捨てる（電子帳票の場合は変更歴管理される）

(iii) テスト駆動開発 TDD (Test-Driven Development)

TDD ではテストプログラムを先に記述し、そのテストに合格するようにコードを書く。図 4.1 に TDD の概念図を示す。まずテスト仕様を先に作成する。この時点ではまだプログラムができていないので、テストを実行しても不合格 (JUnit では赤で表示される) になる。次に、このテストに合格するようにプログラムコードを作成し、何度かの試行を繰り返しながらテストに合格する(JUnit では緑で表示される)。この段階では、ただ動いただけなので、コードをさらに磨いてきれいにする (リファクタリング)。

このように TDD では、まず動作するプログラムを思い浮かべ、その外部仕様に基づくテストを記述し、それに合格するようにコードを記述するため、実現すべき本来の機能を意識した良いコードを作成できる。また、テストとコードを一体開発するために作業効率が上がる、といった長所があげられる。Kent Beck は、TDD のこの考え方に基づいた単体テスト支援ツール SmalltalkUnit を開発し、後にそれをJava 環境下に移植して JUint を開発した。JUnit は、その後拡張が続けられ、広く利用されて、今日においても主要なテスト支援ツールとして活用されている。

一方で、そもそも開発があってその妥当性を検証するためのテストがあるのだから、TDD (Test Driven Development) という言葉自体が論理矛盾をはらんでいる、との批判がある。

"Extreme Programming Explained: Embrace Change" の second edition [5] では、TDD ではなく、"Test First Programing" と言い換えている。また、TDD の後継たる新しい開発法では BDD(Behavior Driven Development：ビヘイビア駆動開発) という名称を用いている。ただし、このような言いかえの努力がなされてはいるものの、現状では TDD という言葉が最も普及している。

TDDのキイワード :Red/Green/Refactor
—最初はテストだけなので不合格 (赤)、コード
　を書いてテストに合格 (緑)、そしてそれを磨
　いてきれいにする (リファクタリング)。

-Test a little/Code a little
　/ Refactor a little
　　(少しづつ着実に進む)
　⇒テストを繰返し実施する必要があり、
　　テストの自動化が、必須である (JUnit
　　とセットで発展)

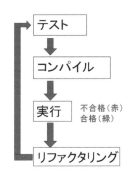

(注)TDD を "Test First Programing" と呼ぶ場合もある。

図4.1 TDDの概念図

(iv) チーム全体 (Whole Team)

　XPでは、目標を共有し、シンプルコミュニケーション (Face to Face) を実現するために、関係者全員が一体となって働く。したがって、ユーザ、リーダー、プログラマーは目的を同じくするチームメンバーである。ユーザの役割は重要であり、チームの構成メンバーである。また、全員が同じ部屋で作業する (Sit Together)。XPチーム内の役割分担は以下のとおりである。
　　・ユーザ：対象ドメイン知識を提供、開発優先度付けを行う
　　・プログラマー：開発者
　　・リーダー：チーム内コミュニケーションを円滑化する (命令しない)、プログラマーに対するコーチ役を務める

(P-2) 継続的プロセス

(i) 常時結合 (Continuous Integration) [12] [13]

　常時結合とは、システムを、常に最新状態 (Continuous) に保つべく結合 (Integration) する作業である。具体的には、ソースコードが変更されるたびにシステムを自動的にビルド、結合し、常に最新のものが実行可能な状態を保つ。これにより、コード変更後すぐにテスト可能な状態が作られる。変更で不良が作り込まれても、そのことがすぐに自動的に検出されるため、すぐに対策が取られることになる。理想的には、ソースコード変更の度に自動的に結合されるのが望ましい

が、それができなくても短期間のうちに (例えば10分毎) 結合が繰り返されるのが必須である。

　常時結合により多くの作業が自動化され、作業効率が向上する。また、自分のプログラムが正しく動作する状態が常に保たれ、不良が入り込んだ時には直ちに検出されるという安心感と自信を保証してくれる。

　常時結合を実現するためには、高速のビルド、テストが可能な環境、支援ツールが必要である。これについては、3.2の(8) を参照されたい。

(ii) リファクタリング (Refactoring：設計改善) [14]

　リファクタリングとは外部から見たプログラムの振る舞いを変えずに、プログラムの内部構造を改善することである。その要点は、次の2点にある。

- ・リファクタリングを行っても、外部から見た振る舞いは変わらない。
- ・リファクタリングを行うことにより、内部構造を改善する。

　優れた内部構造を初めから作り込むことができれば、それが望ましい。しかし、作ってみて、実物を見てから問題点に気がつくことは少なくない。したがって、リファクタリングとはフィードバック型設計、進化型設計であるということもできる。XPをはじめとするアジャイル開発において、リファクタリングは欠かすことの出来ない作業項目である。アジャイル開発の本質は、反復型、繰返し型開発であり、リファクタリングによる段階的構造改良が必須である。

　また、アジャイル開発においては、ドキュメントの量を極力削減し、必要な情報はソースコードおよびテスト仕様に集中させる。したがって、ソースコードおよびテスト仕様は読みやすく、保守し易いものでなくてはならない。したがって、リファクタリングはソースコードおよびテスト仕様のわかり易さの改善作業において必須となる。以上から、リファクタリングは次のようなタイミングで行われる。

- ・機能追加、改善のとき：これから機能追加、改善を行なおうとするタイミングで、ベースとなるコードを見直す。他人が書いたコードの場合も自分で書いたコードの場合もある。そのコードの

　　　分かり易さを改善するためにリファクタリングをしたくなるかも
　　　しれないし、また、機能追加、改造のためには構造的な改良を
　　　加えた方が良いと考えるかもしれない。
・バグ修正のとき：バグが作り込まれたのにはそれなりの理由が
　　　存在することが多い。例えば、ベースとなるコードが不明確なた
　　　めにバグが作り込まれた可能性がある。バグ修正をリファクタリ
　　　ングとセットで実施することが効果的である。
・コードレビューのとき：定期的に実施が定められたコードレ
　　　ビューの際の自分だけでなく他人の目を交えたリファクタリング
　　　は効果的である。このリファクタリングは少人数で行う方が効果
　　　的であり、典型的にはオリジナルのコーダーとレビューアーの2
　　　人で行うことが望ましい。[*3]

　また、リファクタリングを実施する上で最も大切なことは「ステップ
バイステップ」で、以下のように一歩一歩を着実に進めることである。
・2つ以上の修正を一度に行わない。
・後戻りしやすいように進める。
・ステップごとにその正しさを確認する（自動再テストなしにリファ
　　　クタリングなし）。
・古いものを新しいものに取り替えていく（古いものを壊して新し
　　　いものにするのではなく、新しいものが出来て動いたら、古いも
　　　のを壊す）。

　次に、リファクタリングの具体的な方法について述べる。まず、基本
的にもっとも大切なことは、標準コーディングルールの徹底である。こ
れが徹底されていないと、ソースコードの書き方が不統一になり、読
みにくく保守しにくいものとなる。標準化が徹底されていれば、標準
コードルールチェッカー等による自動化を推進することができる。

　例えば、Sun MicrosystemsとOracleによるJavaコーディング
標準では、下記の内容についての標準が決められている（その後の
Javaコーディング標準の基礎となっている）。

---

*3　もっと大きな規模でのデザインレビューであれば、関連者を含めたもっと多くの参加
　　者でレビューを行い、UMLなどの図表を活用した方がよい。デザインレビューとコー
　　ドレビューではやり方を変えるべきである。

a) Introduction

b) File Names

c) File Organization

d) Indentation

e) Comments

f) Declarations

g) Statements

h) White Space

i) Naming Conventions

j) Programming Practices

k) Code Examples

　本書の「付録1　アジャイル開発に用いられる自動化ツール」の「A1.1節　コード分析・評価ツール」で説明しているツールのうち「標準コード規約チェッカー」は、プログラムコードがこれらのコーディング標準にしたがっているかどうかを自動チェックしてくれる。

　リファクタリングの役割は、コーディング標準に基づく改良だけではない。後々に問題を起こすような「コードの不吉な匂い」を消す作業も、リファクタリングの大切な役割である [14]。「コードの不吉な匂い」との表現は [14] の著者のMartin Fowler曰く、XPの提唱者の1人として有名なKent Beckからヒントをもらった言葉であるとのこと。以下では、「コードの不吉な匂い」についてキーワードのみをリストアップする。これらの詳細については付録2を参照されたい。

① 重複したコード：コードがあちこちでダブっている。

② 長すぎるメソッド：メソッドが長すぎる。

③ 巨大なクラス：クラスが持っているフィールドやメソッドが多すぎる。

④ 多すぎる引数：メソッドへ渡す引数が多すぎる。

⑤ 変更の発散：仕様変更が起きたときの影響箇所があちこちに散らばっている。

⑥ 変更の分散：あるクラスを修正すると、他のクラスも修正しなければならない。

⑦ 属性・操作の横恋慕：いつも他のクラスの中身をいじっているクラスがある。

⑧ データの群れ：まとめて扱うべき複数のデータが、1つのクラスにまとまっていない。

⑨ 基本データ型への執着：基本データ型ばかりを使っている。

⑩ switch文：switch文を使ってふる舞いを分けている。

⑪ パラレル継承：パラレル継承は、「変更の分散」の特殊ケースである。

⑫ 怠け者クラス：リファクタリングの結果やその他の理由でクラスがたいした仕事をしていない場合が起こりうる。

⑬ 疑わしき一般化：将来の拡張を期待して一般化しすぎる。

⑭ 一時的属性：インスタンス変数の値が、特定の状況でしか設定されない。

⑮ メッセージの連鎖：あるクライアントがオブジェクトにメッセージを送り、受け取ったオブジェクトがまた、別のオブジェクトにメッセージを送り、というような過剰なメッセージの連鎖が起きている。

⑯ 仲介人：委譲ばかりして自分で仕事をしないクラスがある。

⑰ 不適切な関係：本来別のクラスであるのに、クラス同士の仲が良くなりすぎて不適切な関係になっている。

⑱ クラスのインターフェイス不一致：処理は同じなのにメソッド名が異なるのは、混乱をもたらす。

⑲ 未熟なクラスライブラリ：既存のクラスライブラリが未熟で使いにくい。

⑳ データクラス：フィールドとgetter、setterメソッドしかないクラス。

㉑ 相続拒否：サブクラスは親のクラスの属性と操作を継承する。しかし、これがうまくいかないことがある。継承構造の間違いが原因であることが多い。

㉒ コメント：コメントは本来、理解を深めるためのものであるが、言い訳、消臭剤として使われることが少なくない。

以上、「コードの不吉な匂いを消す」ということでリファクタリングの事例をMartin Fowlerの著書より紹介した。同書では、事例別でなく技法別にもリファクタリングが説明されていてわかり易い本なっている。[14]

(iii) 短期リリース (Small Releases)

XPでは、短期間（1〜2週間）でのリリースを繰り返し行う。これに

より、動作するソフトウェアを出来る限り早くユーザに提供する。ユーザとのコミュニケーションは動作する実システムにより行い、これをリリースごとに頻繁に行うことで、ユーザからのフィードバックを次のリリースに反映する。

(P-3) 理解の共有

(i) コーディング標準 (Coding Standard)

XPでは、チームとして知的資産と理解を共有することを大切にする。コードはチームで共同所有する最も大切な知的資産であるから、コーディング標準にしたがってコーディングすることが必須である。コーディング標準は、次の観点から定める。

- ・ コードを理解し易くする
- ・ コードに誤りが入りにくくする
- ・ 他のプラクティスを実行し易くする

コーディング標準を遵守しているかどうかのチェックは、自動化ツールを用いて定められた機会に定期的に実施するべきである。代表的な自動化ツールとして CheckStyle、PMD等のOSSがある。

(ii) コードの共有 (Collective Ownership)

XPでは、コードをチームで共同所有する。コードは個人のものではなく、チームの共同所有物である。すなわち、システムは個人が作るものではなく、チームで作るものである。

チームメンバーは、コードのどの部分であっても、必要に応じて自由に変更することができる。まずは自分の作業ファイルで変更して、テストをし、デグレードしていないことを確認した後、チームの共同ファイルを更新する。その際にSubversion等のソースコード変更歴管理を用いる。これにより、誰が、いつ、どのような理由により、どんな変更をしたかを管理する。

また、常時結合CIの仕組みにより、変更したソースコードに基づき自動的にビルドが行なわれる。そして、この変更で不良を作り込んでいないかのデグレード防止テストが自動実行される。

　結果として、XPではチームメンバー共有の理解し易いコードが作られる。しかし一方で、個人の責任意識が薄れる危険があるので注意が必要である。誰がどのような変更をしたかはソースコード変更歴管理ツールにより自動的に記録されているので、チームメンバーは自分が行った追加・変更に責任を持たなくてはならない。

　コードの共有は小さなチームでは効果的であるが、大きなチームでこれを強制すると効率を落とすとの批判がある。あるコードを1人だけでなく、他の人も知っていることは望ましい。しかし、例えば5人からなるチームで、チームの全員がすべてのコードを知っていなくてはならないとなると、かなりの負荷となる。また、その必要性があるのかが疑問である。

(iii) シンプル設計（Simple Design）

　XPではシンプル設計を大切にする。シンプル設計は、次の特性を備えている。
- ・複雑な組み合わせは、単純な要素に分解されている
- ・ひとつの要素は、ひとつの単純な役割を持つ
- ・システム内にコードの重複がない、余分なコードがない

　シンプル設計による効果として、コードが読みやすく、変更の影響が少ないため、結果として、修正が容易で拡張性が高くなることが期待できる。

　また、別の角度からのシンプル性の尺度として "TUBE" がある。TUBEとは、
- ・テストしやすい（Testable）
- ・理解しやすい（Understandable）
- ・見つけやすい（Browsable）
- ・説明しやすい（Explainable）

の略語である。

　シンプル設計をする上での留意事項としてはYANGIがある。これは、"You aren't going to need it." のことで、「いま必要なものだけを実装せよ、余計な実装をするな（本当に必要になったときに実装すればよい）」という意味である。

(iv) システムメタファー (System Metaphor)

システムメタファーは、システムの概念と語彙を、チームで共有するために用いる。コーディング標準だけでなく、仕様書、テスト用の資産などで使用する用語も標準化して共有することが大切である。

具体的には、システムの目的、機能、構成等を実世界のものに例えて表現することにより、理解し易くする。例えば、環境設定ツールChefではすべての構成要素を料理関係の言葉に対応させている。このような方法により、共通のビジョンの構築、語彙の共有、アーキテクチャの作成、アイデアの生成、を可能とする。このことにより、システム全体への理解が深まり、チームのコミュニケーションが良くなる。メタファーを統一、共有することで、生産性と信頼性、自動化ツールへの適合性が大きく改善されるのである。

(P-4) 労働時間

(i) 継続可能な作業ペース (Sustainable Pace)

適正な作業時間により、良好な作業ペースを維持することが大切である。疲れていては最善のことはできない。結果として、混乱が生じ、生産性を落とす。したがって、最適なペースを維持できるように作業計画を立て、その計画を守っていくことが大切である。このことは、作業を安易にしようとするのではなく、作業を効率よく進めようとの発想に基づくものである。

目的とする作業を期限内に完了させることの優先度が一番高いので、それと最適ペースとの調整が重要である。優れたチームは、最適ペースを保ちつつ、最終目的を実現していく。米国における統計では、アジャイル開発チームの残業時間の平均は、ウォーターフォール開発チームそれよりも少ない、と言われている。

(4) XPのまとめ

XPはプログラミングを中心としたアジャイル開発の方法を提案し

て、広く受け入れられ、定着した。開発方法に加えて、ソースコード分析ツール、常時結合 CI ツール、単体テスト支援ツール等の自動化ツールの利用を提案して、これらの普及に貢献したと言える。

より上流の設計工程とアジャイル開発との関係は XP では明らかにされなかった。しかし、XP のフォロワーたちが、この新しい課題（6章を参照）に取り組んでいる。「XP を試してみたい」という方々には、まずは小さな Web アプリケーションで試行することをお勧めしたい。Web アプリケーションでは小さなコンポーネントを切り出しやすく、XP の試行に適している。

4.2 アジャイル開発プロセス—2：スクラム

(1) スクラムとは

(i) スクラムの定義

スクラム（SCRUM）とは、複雑で変化の激しい問題に対応するためと、可能な限り価値の高いプロダクトを生産的かつ創造的に届けるためのフレームワークである。このフレームワークを Ken Schwaber と Jeff Sutherland がスクラムガイド [46] としてまとめ、公開されている。

(ii) スクラムのルーツ

Jeff Sutherland は、ソフトウェアエンジニアが、納期遅延、品質問題が発生しないように管理者から常にプレッシャーを掛けられ、決して十分なソフトウェアを作っていると言えないと考えていた。このため、ソフトウェア開発のより良い方法へ挑戦することにした。

Jeff Sutherland は、問題は組織構造にあると考えた。オブジェクト指向ソフトウェアを開発するチームと官僚的な組織構造にミスマッチが発生していた。そこで、2つの経験を活かしてアプローチすることにした。1つは、ベル研究所での10年間の研究である。それは、「専門性で個人個人の仕事を分割しないチーム構成が生産性に本質的な影響を与える」という経験であった。もう1つは、MIT メディアラボ

での経験である。それは、「数週間毎に本当にすごいソフトウェアを作り続けることが必須であり、できなければ開発を中止する」経験であった。そして、「『開発チームメンバー』を唯一の専門性とする」、「1か月周期で最後にデモをする」という2つのルールを持ったチームで生産性を向上させたビジネスとソフトウェア開発について、広範囲に数百件の文献と事例を調査した。調査した結果、すべてのアイデアや理論的背景をまとめ上げて、形式化する触媒となる論文に出会った。その論文が、竹内弘高・野中郁次郎共著の『The New New Product Development Game』である。この論文には、1980年代の日本の「新製品の開発プロセス」について記載されていた。様々な専門性を持つ人が1つのチームとして、開発の最初から最後まで、チームを重視し、自律的に活動できる環境を与えられることにより、柔軟性と開発スピードの両立ができる。このようなチームを「スクラム」と名付けた、とある。その特徴は、以下の6つである。

> ① 不安定な状態を保つ
> ② プロジェクトチームは自ら組織化する
> ③ 開発フェーズを重複させる
> ④ 「マルチ学習」
> ⑤ 柔らかなマネジメント
> ⑥ 学びを組織で共有する

Jeff Sutherlandは、階層的な組織構造と詳細に指示を与えるマイクロマネジメントはチームの速度を落としてしまうと考えた。そこで、1994年に、チームリーダーを「スクラムマスター」と呼ぶ機能横断チームで実践を始めた。その後、日単位に作業の検査と予想を行う「デイリースクラム」を取り入れて、改良していき、最終的に、自己組織化するスポーツチームのモデルを採用した。[47]

スクラムの形式化の触媒となった、竹内弘高・野中郁次郎共著の論文は、1980年代の日本の新製品開発を分析している。論文の分析対象時期に、日本ではトヨタ生産方式が実践されていた。1984年、トヨタ自動車（以下、トヨタ）はゼネラルモータス（以下、GM）と合弁会社をつくった。GMが労使間で鋭く対立した工場を提供し、トヨタ

がトヨタ生産方式の原理を教えて運営した。その結果、GMの全米工場で生産性、品質でトップとなった。GMはこの工場をトヨタ生産方式の実験室として活用し、数百人の幹部、管理職、技術者がその教えに完全に染まった。このようにトヨタ生産方式が日本からアメリカに渡ったのである。[48]

1990年、トヨタ生産方式は、「リーン生産」として知られるようになる。[56] その後、製品開発が注目され、同じ原則を根底とする「リーン製品開発」に発展した。ソフトウェア開発もまた、製品開発の1つの形態である。「リーン思考（根底の原則や考え方）をソフトウェア開発において初めて具体化したのはスクラムである。ソフトウェア開発にスクラムを適用することによりリーン化が可能である。」とJeff Sutherlandは語っている。[53] 日本の実践ノウハウがスクラムの触媒となっている。

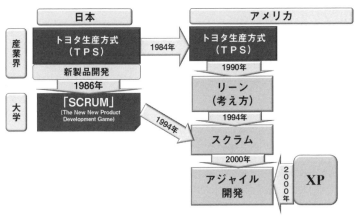

図4.2 日本の実践ノウハウとスクラム

(2) スクラムの理論と価値基準

(i) スクラムの理論

公開されているスクラムガイドでは、以下のようにスクラムの理論が示されている。スクラムは、軽量かつ理解が容易であるが、習得が困難な特徴を持つ。スクラムは、経験的プロセス制御の理論（経験主

義）を基本にしている。経験主義とは、実際の経験と既知に基づく判断によって知識が獲得できるという考え方である。このことから、スクラムでは、反復的かつ斬新的な手法を用いて、予測可能性の最適化とリスク管理を行う。

経験的プロセス制御は、透明性・検査・適応の3本柱に支えられている。

表4.1 経験的プロセス制御の3本柱

3本柱	内容
透明性	作業をする人とその成果物を受け取る人が「完成」の定義を合意している。また、完成までのプロセスを参加者全員が理解している。
検査	作成物や進捗を頻繁に検査し、変化を検知する。ただし、頻繁過ぎて作業の妨げになってはならない。
適応	成果物や進捗が許容値を超える場合、プロセスやその構成要素をできるだけ早く調整する。

(ii) スクラムの価値基準

スクラムガイドで、次のようにスクラム価値基準が示されている。

スクラムの3本柱（透明性・検査・適応）を確立し、あらゆる人に対する信頼を築くためには、スクラムにおいて、以下の5つの価値基準を取り入れ、それらを実践することが必要である。スクラムチームのメンバーは、実際の活動を通じて、これらの価値基準を学習していく。

表4.2 スクラムの価値基準

価値基準	内容
確約 (commitment)	個人はスクラムチームのゴールの達成を確約する。
勇気 (courage)	正しいことをする勇気を持ち、困難な問題に取り組む。
集中 (focus)	全員がスプリントの作業とスクラムチームのゴールに集中する。
公開 (openness)	スクラムチームとステークホルダーは、仕事や課題と、その遂行の様子を公開することに合意する。
尊敬 (respect)（注）	お互いを能力ある独立した個人として尊敬する。

（注）4.2節（2）項では、「尊重」だが、スクラムではオリジナル翻訳にしたがい「尊敬」とする。

(iii) 素早い失敗

スクラムは、複雑で変化の激しい問題に対応し価値を高めていくため、正しい答を誰も知らないことや、答を正しく伝えることが難しいことが多い。したがって、失敗する確率も高い。失敗は後になるほど大

きく、早い時期ほど小さい。失敗を避けることより、素早い失敗から、複雑性、変化および価値への対応を学ぶことを優先させる。

(3) スクラムのプロセスフロー

(i) スクラムのフレームワーク

スクラムのフレームワークは、スクラムチームとその役割・イベント・作成物により構成されている。スクラムガイドに示されているフレームを以下に示す。

表4.3 スクラムのフレームワーク構成要素

構成要素	内容	詳細要素
スクラムチーム	プロダクトを反復的・漸進的に届けるチームである。	・プロダクトオーナー ・開発チーム ・スクラムマスター
作成物	作業や価値を表したものである。	・プロダクトバックログ ・スプリントバックログ ・インクリメント
イベント	透明性を維持し、検査・適応の機会である。	・スプリント ・スプリントプランニング ・デイリースクラム ・スプリントレビュー ・スプリントレトロスペクティブ
ルール	スクラムチームとその役割・イベント・作成物をまとめ、それらの関係性や相互作用を統括するものである。	全体で説明。

(ii) スクラムの構成要素の流れ

スクラムガイドで示されるスクラムの構成要素とその流れを示す。

①スプリント

スプリントとは、利用可能な状態インクリメントを「完成」させるための1か月以下のタイムボックスである。このインクリメントについてリリース可能かを判断する。少なくとも1か月毎の検査・適応により、予測可能性を高め、開発対象の定義変更、複雑化、リスク増大を少なくする。リスクも1か月のコストに収まる。スプリントを開始すると、期

間は固定化される。スプリントは、以下の②〜⑥で構成される。

②スプリントプランニング

　スクラムチームの共同作業で、スプリント作業を計画する。プロダクトバックログ、最新のプロダクトインクリメント、開発チームの予想キャパシティの実績を入力として、スプリントで届けるプロダクトバックログを予想し、スプリントゴールを設定する。そして、これらに必要な作業をスプリントバックログとして見える化する。

③デイリースクラム

　スプリント中、開発チームが毎日、同じ時間、同じ場所で、前回以降の作業の検査と時間までの作業の予想を行う。デイリースクラム終了後、スプリントの残作業について再計画することもある。

④開発作業

　開発チームは、スプリントバックログに基づき、インクリメントを「完成」させる。

⑤ スプリントレビュー

　スプリントの終わりに、スクラムチームとプロダクトオーナーが招待する関係者でインクリメントの検査を行う。必要があれば、プログラムバックログを全体的に調整し、プロダクトバックログの改訂版を成果とする。

⑥ スプリントレトロスペクティブ

　スプリントレビュー後、スクラムチームは、今回のスプリントについて振り返りを行い、次のスプリントで行う改善策を特定する。

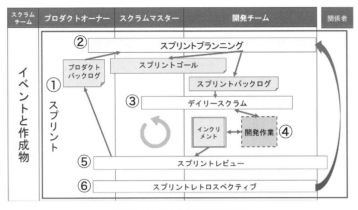

図4.3 スクラムの構成要素の流れ

(iii) 価値への挑戦

スクラムは、複雑で変化の激しい問題に対して、可能な限り価値の高いプロダクトを目指す。東京理科大学名誉教授の狩野紀昭氏が提唱した「狩野モデル」（Kano Model）では、「当たり前品質」、「一元的品質」、「魅力品質」が提示されている。価値を高めるためには、これらのバランスを考慮し、特に、「魅力品質」を追求する必要がある。[49]

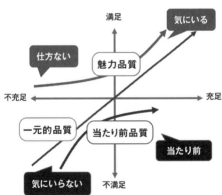

図4.4 狩野モデル（[49]より引用）

① 当たり前品質

不充足だと不満、充足されて当たり前な品質である。基本機能や

安全性などの面であり、確保が必要である。

② 一元的品質

不充足だと不満、充足されると満足な品質である。新規機能や性能面などのように、提供した製品やサービスのスペックが高ければ評価が高く、低ければ評価が低くなる品質である。魅力品質を意識して、スペックに偏重し過ぎないような留意が必要となる。

③ 魅力品質

不充分でも仕方がない（不満とは思わない）が、充足されれば満足な品質である。人により魅力を感じる点は異なる。利用者自身もその点を明確に示せないことも多い。そのため、多様な人に短い周期で「完成」した品質を見せたフィードバックが、魅力品質を高めるために有効となる。

（4）スクラムの作成物

スクラムの作成物は、作業や価値を表したものであり、透明性や検査・適応の機会を提供するものである。スクラムガイドに示されるスクラムの作成物と、それぞれについて解説する。

> ・プロダクトバックログ
> ・スプリントバックログ
> ・インクリメント

（i）プロダクトバックログ

プロダクトバックログは、今後のリリースで実装するプロダクトのフィーチャ・機能・要求・要望・修正のすべてが優先順位にしたがって並べられていた一覧であり、プロダクトに対する変更要求の唯一の情報源である。プロダクトオーナーが、プロダクトバックログの内容・可用性・優先順位に責任を持つ。プロダクトバックログの要素であるプロダクトバックログアイテムには、詳細・見積り・価値・優先順位の

属性がある。スクラムチームはプロダクトバックログアイテムの「完成」について共通理解を持ち、透明性を確保する必要がある。優先順位が高いアイテムほど明確で詳細であり、正確な見積りが可能である。

すべてのプロダクトバックログアイテムに優先順位を付与する。優先順位は、並びを一意に決めるために使用する。一般的にAランク、Bランクのような優先度が使われていることが多い。優先度は、同じ値を複数に付与することができるため、並びを一意に決めることができない。優先順位として、すべてのプロダクトバックログアイテムに重複しない値を付与する。各スプリントのスプリントプランニングで、そのスプリントで「完成」できるアイテムが優先順位に従い選択される。「完成」の透明性確保のために、価値について目的（〜のため）を明確にすることが有効になる。

(ii) スプリントバックログ

スプリントバックログは、スプリントで選択したプロダクトバックログアイテムと、それにより実現されるスプリントのゴールを達成するために必要な計画を合わせたものである。スプリントバックログに、開発チームがスプリントゴールを達成するために必要な作業がデイリースクラムで理解できるように見える化される。開発チームはスプリントゴールに必要な作業を学習しながら、スプリントバックログを修正していく。

(iii) インクリメント

インクリメントとは、これまでのスプリントで完成したプロダクトバックログと、今回のスプリントで完成したプロダクトバックログアイテムを合わせたものである。スプリントの終わりには、インクリメントが動作する状態であり、スクラムチームの「完成」の定義に合っていなければならない。「完成」していないプロダクトバックログアイテムは、インクリメントに含めない。

(5) スクラムチーム

　スクラムガイドには、「スクラムチームは、自己組織化されており、機能横断的である。自己組織化チームは、作業を成し遂げるための最善策をチーム外からの指示ではなく、自分たちで選択する。機能横断チームは、チーム以外に頼らずに作業を成し遂げる能力を持っている。スクラムにおけるチームのモデルは、柔軟性・創造性・生産性を最適化するように設計されている。」と示されている。

　スクラムチームは、プロダクトオーナー、開発チーム、スクラムマスターで構成される。それぞれについて、以下に解説する。

(i) プロダクトオーナー

　プロダクトオーナーとは、プロダクトバックログの管理に責任を持つ1人の人間である。プロダクトバックログについて内容変更や優先順位の変更が生じる場合、必ずプロダクトオーナーの決定が必要となる。プロダクトオーナーは、委員会ではなく、1人がその役割を担い、1人で決定する。また、プロダクトオーナーだけが、開発チームに唯一依頼できる。開発チームもプロダクトオーナー以外から依頼を受けてはならない。開発チーム、関係者、スクラムマスターの全員が、プロダクトオーナーの決定を尊重することが成功に繋がる。プロダクトオーナーもそれに応えることが求められる。

(ii) 開発チーム

　開発チームは、各スプリントでプロダクトバックログアイテムをリリース判断可能なように「完成」させる。したがって、プロダクトバックログアイテムを「完成」させることができる専門家で構成されている。プロダクトバックログアイテムを「完成」できるのは、開発チームのメンバーだけである。開発チームは、自分たちの作業を自分たちで構成・管理することができる。開発チームは、効率化と効果が最適化される以下の3つの特徴を持つ。

① 機能横断的

　プロダクトバックログアイテムを「完成」させるために必要なテストスキルやビジネス分析のように特定の人しかできない作業がある場合がある。このような場合でも、メンバーを分担した機能やスキルにより役割を分けるのではなく、メンバー全員が開発者である。メンバーが1つの役割で機能やスキルを越えてチームとして活動する。

② 自己組織化

　開発チームは、自分達でプロダクトバックログアイテムを「完成」させるための最善策を決定する。スクラムマスターを含む、開発チーム外からの最善策の決定に頼ることはできない。開発チームの特定のメンバーに専門能力や専門分野があったとしても、最終的な責任を開発チーム全体が持つ。

③ 開発チームの規模

　開発チームの人数が少ないと機能横断的な相互作用が少なく、多いと複雑になるため、プロダクトオーナーとスクラムマスターを除き4〜9名が望ましい。

(iii) スクラムマスター

　スクラムマスターは、開発チームおよびプロダクトオーナーがスクラムを理解して、スクラムチームとして活動できることに責任を持つ。そのため、スクラムマスターは、開発チーム、プロダクトオーナーおよび関係者に、スクラムに関する教育、コーチ、スクラム成立への障害の除去、ファシリテーションなどを通じて支援する。その支援は、強制や直接的な最善策の提供ではなく、奉仕（サーバントリーダーシップ）により行う。これらを通じて、スクラムマスターは、開発チームとプロダクトオーナーが提供する価値を最大化することに貢献する。

(6) スクラムイベント

　スクラムでは4つのイベントを定義し、そのイベントを心臓の鼓動のように規則的（Cadence：ケイデンス）に実施する。

> (i)　　スプリントプランニング
> (ii)　　デイリースクラム
> (iii)　スプリントレビュー
> (iv)　スプリントレトロスペクティブ

　これにより、定義されていないミーティングを最小化する。スクラムイベントは、計画、検査、成長のための公式な場である。それぞれのスクラムイベントについて解説する。

(i) スプリントプランニング

　スプリントプランニングでは、誰かが作成した計画を与えられるのではなく、スクラムチームがチームとして共同で開発チームが実施するスプリントの作業を計画する。まず、スプリントでプロダクトバックログの実装により実現するスプリントゴールを決める。そして、そのゴールを達成するための作業を実際に実施する開発チーム自身が参加して決める。プロダクトオーナーと目的を含めて合意したスプリントゴールに向かい、自分達が参加して計画を決定する。これより、開発チームは一致団結して作業できる。スプリントが1か月の場合、8時間以内でスプリントプランニングを行う。スプリントプランニングの成果物(①共通認識、②スプリントゴール、③スプリントバックログ、④ベースライン) について次に示す。

① 共通認識

　複雑で変化の激しい問題を全員で計画するために、ゴールや背景についてチームで合意することが必要である。プロジェクトマネメントでは、共通認識ためにプロジェクト憲章を活用する。[50] 共通認識

を構築するための10の質問と課題を表したインセプションデッキを
活用できる。

　インセプションデッキは、複雑性と激しい変化から生じる、視界を
さえぎる濃い霧の向こうを照らすフラッシュライトとなる。インセプ
ションデッキは10個の質問と課題についてチームでよく話し合って作
成し、ステークホルダーに提供する。[28]

表4.4 インセプションデッキの10の質問と課題

	質問と課題	目的
1	われわれはなぜここにいるのか？	プロジェクトの目的を明確にする
2	エレベーターピッチを作る	プロジェクト、プロダクトの概要を明確にする
3	パッケージデザインを作る	プロダクトの価値を明確にする
4	やらないことリストを作る	プロジェクトのスコープを明確にする
5	「ご近所さん」を探せ	ステークホルダーを明確にする
6	技術的な解決案を描く	アーキテクチャを具体化する
7	夜も眠れなくなるような問題は何だろう？	リスクを明確にする
8	期間を見極める	スケジュールを明確にする
9	何を諦めるのかをはっきりさせる	QCD、スコープの優先順位を明確にする
10	何がどれだけ必要か	リソースを明確にする

② スプリントゴールとスプリントバックログ

　スプリントでプロダクトバックログの実装により実現するゴールがス
プリントゴールである。今後にリリースする要求事項であるプロダクト
バックログのうち、このスプリントで「完成」させるプロダクトバックロ
グアイテムを決める。

　そのスプリントゴールを達成するための作業がスプリントバックロ
グである。

　必要に応じてスプリントのタイムボックスで「完成」できるように作
業に細分化する。

④ ベースライン

　スプリントバックログに必要な作業時間を合計し、今後の進捗の
ベースラインを設定する。このベースラインにスプリント中の変化を反
映していきながら、プロダクトオーナーが残っているスプリントバック

ログに必要な作業時間の合計時間とスプリント完了までの残っている作業時間を比較してゴールの達成の妥当性を評価する。ベースラインには、残っているスプリントバックログに必要な作業時間の合計時間の計画と実績の推移を示すバーンダウンチャートを手書きで適用することが多い。

(ii) デイリースクラム

　デイリースクラムは、毎日、同じ時刻から15分間、同じ場所で、定例的に開発チームが開催する。前回からの今までの実績と成果物の検査およびゴールへの障害を明確にし、次回までに完了する作業を予測する。朝一番で実施すると、前回から今までの実績は昨日の実績であり、次回までに完了する作業は今日中に完了する作業となる。

　ここでは、実績と予測を見える化することが目的である。これからの作業をふせん紙に書き、優先順位順にToDo欄に、実行中の作業をDoing欄に、完了した作業をDone欄に、作業の進行に合わせて提示する。ToDo欄から優先順位順に作業に着手する。Doing欄は同時に作業する上限値であるWIP (Work in Progress) より多くの作業に着手しない。[28] Doing欄の作業の増加は仕掛り、つまり未完成の作業の増加であり、これは在庫の増加となり、未完成または在庫のムダとして削減する必要がある。[51] [52] [53]

　また、ゴールへの障害は、KPT(ケプト)で見える化する。K(Keep)欄には維持することを、P (Problem) 欄には問題を、Try欄にはK欄とP欄の維持すること、問題に対して試みることを提示して話し合う。必要によりスプリントバックログを更新する。[7]

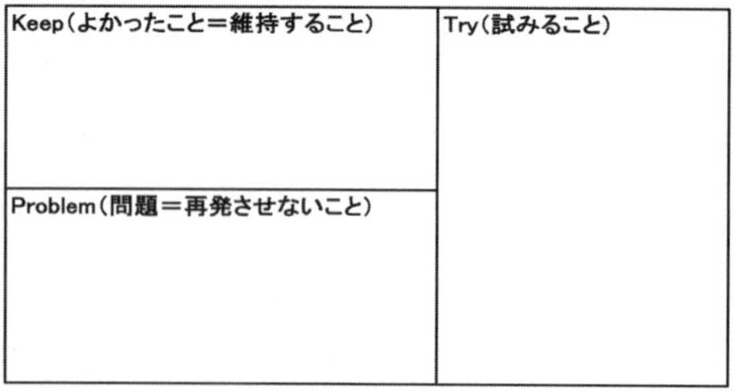

Keep(よかったこと＝維持すること)	Try(試みること)
Problem(問題＝再発させないこと)	

図4.5 KPT

① スプリントレビュー

スプリントの終わりに、スクラムチームと関係者が、スプリント成果の検査と必要に応じてプロダクトバックログの更新を行う。スプリントが1か月の場合、4時間をガイドラインとする。複雑性と変化に対応するために、「完成」した「動く」スプリントの成果に実際に目にすることにより、スクラムチームと関係者からフィードバックを得る。プロダクトオーナーは、フィードバックの内容に基づき、プロダクトバックログを審査する。

② スプリントレトロスペクティブ

スプリントレトロスペクティブでは、スクラムチームの活動をふりかえり、その学習により、次のスプリントでの改善を計画する。開発チームは、自分達の実践から、次のスプリントで成長するための開発プロセスや、プラクティスなどの改善策を特定する。改善を導くための考え方と手法を以下に示す。

・考え方：失敗から学ぶ

複雑かつ激しい変化のため、スクラムチームが計画どおりに作業を進められる場合もあれば、進められない場合もある。重要なことは、不安定な状態での事実を受け止め、その事実から何を学んでいくかである。[47] 責任を追及することではなく、二度と同じ過ちを繰り返さないことを焦点とする。[51] 変化に対応した事実から学び新たな知識を作り出すことにより、複雑性と激しい変化に対応が可能となる。[53] 自分を変化させるプロセスの孵卵器が反省である。変化させるためには、自分の弱みと直面する反省が必要である。反省により学習し、変化を実践できる。[48] 深く学習するためになぜを5回繰り返し自問自答し、自ら考える。自らとは、チームだけでなく、関係者を含む組織を示す。[48][51]

・手法：なぜなぜ5回（階）

表面的な改善策だけでは、価値を高める学びとしては不十分である。そこに隠れた原因を分析していくことが求められる。その手法として、トヨタ生産方式における「なぜなぜ5回」がある。[48][51]

ITプロジェクトの特性に合わせて適用するため、5階層モデルが有効である。5階層モデルとは、5回の回数だけでなく、階層毎に動詞を定義して隠れた原因を分析するものである。

第1階層では、現場の開発チームは「実施」を動詞として、5W1HからWhyを除く5つの質問（Who, What, When, Where, How）の失敗した事実と成功に必要な理想のギャップを明確にする。

第2階層では、実施前に事実と理想のギャップがあっても成功できるとした「判断」を動詞として、5つの質問の事実と理想のギャップを明確にする。そして、そのギャップに関する開発プロセスやプラクティスのルールを確認する。

第3階層では、該当するルールに対する「遵守」を動詞として、5つの質問の事実と理想のギャップを明確にする。もし「遵守」すべきルールが不備な場合は「提案」、ルールを認識できなかった場合は「認識」を動詞として分析する。

第1階層から第3階層までで、開発プロセスやプラクティスの改善および実践のための現場の改善策が導かれる。第4、5階層では、開発プロセスやプラクティスを遵守するために必要な「支援」とそれらの「運営」を動詞として分析する。開発プロセスやプラクティスを遵守するための支援と運営に関する改善策が導かれる。この改善策は、プロダクトオーナーとスクラムマスターの学びとなる。スクラムチームが共に学び、価値を高めていくことが可能となる。[54]

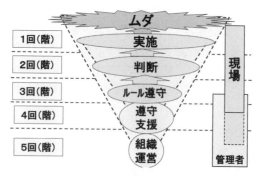

図4.6 階層モデル

(7) スクラムのための環境

　複雑で変化が激しい問題に対応するため、環境を整備する必要がある。スクラムチームは、チームとして活動するため、質問や相談が常に発生する可能性が高くなる。したがって、コミュニケーションを取り易くするため、同一場所での作業するコロケーションが有効である。リモート環境でもコミュニケーションは可能であるが、スクラム初体験のチームにはコロケーションを推奨する。

　見える化は、情報が人を動かすことも目的としている。情報を常に見せるために情報を提示する壁やホワイトボードなどが必要となる。アナログ的アプローチが有効であるため、リモート環境でのスクラムにおいてもWebカメラを活用し、アナログによる見える化を活用している。

　また、スクラムは、スプリント毎に「完成」させる必要があるため、スプリント毎に同一テストを繰り返し実施することが珍しくない。したがって、常時結合と自動テストの導入が必要となる。スクラムは優先順位にしたがい開発するため、開発対象のソースを開発チームの誰もが作成、修正する必要がある。このため、ソースと個人の関係をソースとチームの関係にする「ソース共有」が必要である。

(8) スクラムのまとめ

　これまでに述べた、スクラムについて要点をまとめると、以下のとおりとなる。

- ・スクラムチームは価値を実現するために必要な能力を持つ機能横断であり、最善策を自分達で選択する。これが、柔軟性・創造性・生産性を最適化する。
- ・固定化した期間のスプリントで検査と適応を繰り返すことにより、変化するスピードに対応する。スクラムの背景と関係者の理解、技術的環境の整備のための準備スプリントを設定することがスムーズな立上げに必要である。

・優先順位と素早い失敗からの学習により、不確実性に対応できる。
・スクラムは日本での実践を触媒としている。

コラム　「スクラムで使われる用語について」

スクラムには、特徴的な用語が多い。

日本国内のアジャイル開発では、XPの用語が使われることが多い。

表4.5 スクラムで使われる用語

スクラムの用語	一般的な用語	意味
スプリント	イテレーション	繰り返しの開発期間、リリース計画
プロダクトバックログ	ストーリー	顧客が選択する製品の機能を整理したもの
スプリントバックログ	タスク（チケット）	開発チームが実施する作業
スクラムマスター	アジャイルマスター	アジャイルプロセスのファシリテータ

第5章
アジャイル開発の効果とリスク

5.1 アジャイル開発により期待される効果

　ウォーターフォール開発と比べて、アジャイル開発では著しい改善効果があげられる。その内容は次のように分類される。

> (1) 顧客満足度の向上
> (2) 開発期間の短縮
> (3) 開発効率の向上
> (4) 製品品質の改善
> (5) 参加メンバーの技量の向上

　以下、本節ではこれらの効果についてさらに詳細に説明する。

(1) 顧客満足度の向上

　アジャイル開発では、顧客が開発に深く関与する。結果としてこれが、顧客満足度の大幅な向上につながる。参加する顧客は大変だが、それにより得られる効果は大きい。

> (i) 開発計画への顧客の参加
> (ii) 機能の開発優先度を顧客が指定
> (iii) 短期開発により動作するソフトウェア機能を早期に顧客へ提供
> (iv) 顧客による受け入れテスト

(i) 開発計画への顧客の参加

開発する機能のビジネス的な価値、顧客の事業戦略との関係、今後の機能拡張・変更の可能性、等々は顧客でなくてはわからない。開発計画に顧客が参加することによる効果は大きい。特に、今後の機能や対象ユーザ種別、ユーザ数がどの位拡大されるのか、当初に計画した開発規模の範囲で収まるのかによって設計の方針は大きく異なる。顧客の参加により、これらについての見通しを確認できる。

(ii) 機能の開発優先度の指定

アジャイル開発では、機能を小さな単位に分割して、それに開発優先度を付けて開発する。優先度の高い機能ほど早期に開発され、動作状況を確認することができる。顧客からすれば、動作するソフトウェアにより真の機能を確認することできる。したがって、正確で、かつ直観的な動作確認ができる。

(iii) 短期開発により動作するソフトウェア機能を早期に顧客へ提供

そしてそれが、指定された優先度順に提供される。大切な機能ほど、気になる機能ほど、早期に確認できる。結果として、開発が前倒しになったのと同じ効果が得られ、すべての開発が完了していなくても、重要な機能は早期に確認できる。

(iv) 顧客による受け入れテスト

顧客は、自らテストを作成し、これを実行することにより、自分の思い通りのテストを実行できる。求める機能が正しく動作することを、正確に指定し、検証できる。

(2) 開発期間の短縮

アジャイル開発は、開発期間を2つの観点で短縮する。
(i) 全体開発期間 (開発開始から全体機能のリリースまで) の短縮
(ii) 優先度の高い機能の早期提供による実質効果上の期間短縮
上記の (i) は、アジャイル開発自体の工夫による効果によるもので

ある。ドキュメント量の削減、コーディングと単体テストの一体化、自動化ツールの活用等の施策により、アジャイル開発の全体工期は、一般的にウォーターフォール開発のそれの3~5割ほど短縮される。

また、アジャイル開発では、(ii) 優先度の高い機能から順番に開発され、早期提供される。したがって、すべての機能の開発が完了しなくても、実質効果上の開発前倒しが行なわれる。しかも、重要度の高い機能ほど早期に提供され、結果として、開発期間が大幅に短縮される。

(3) 開発効率の向上

アジャイル開発では、次のような観点から開発効率の向上を図っている。

(i) ソフトウェアを早期に動かして理解を深める。これにより、ドキュメント作成の無駄をできるだけ削減する。

(ii) 分からないこと、新しいことを理解するために、仲間の知恵を借り、仲間と相談する。これらを随時、口頭または手書きイラストでコミュニケーションしながら行う。このための、5~15分程度の小規模で短期の打ち合わせを頻繁に行う。

(iii) 自動化ツールを活用して自動化する。確認作業、繰返し作業も自動化して作業効率を上げて、作業ミスを防ぐ。

(iv) 顧客を巻き込む、細かいレベルの機能、表示において動作するソフトウェアを用いて顧客の確認をとっていく。

上記のような施策を取ることにより、アジャイル開発では、ウォーターフォール開発と比べて1.5~3倍の開発効率で開発を行なう。

(4) 製品品質の改善

アジャイル開発では製品品質の確保の観点から次の施策を実施している。
　(i) 単体テストの徹底
　(ii) 顧客テストの徹底

アジャイル開発では、機能を小さく分割して、短期の開発期間で開発していく。その過程で最小機能単位にTDD (Test Driven Development) による単体テストを実施する。この際に、テストを先に作成して、その後に、これに合格するようにプログラムをコーディングする。すなわち、テストとコーディングが一体化させている。テストを先に記述することにより、外部から見た機能を頭に入れながらコードを書き、コードを書いたらすぐにテストを行う。一度、実行して合格したテストは保存して、このコードを改造、修正した時には機能がデグレードしていないことを確認するために再実行する。このような、コード修正、プログラムのビルド、テストの再実行・確認の動作をCI (Continuous Integration) ツールを用いて自動化する。付録1アジャイル開発に用いられる自動化ツール の　A1.3 継続的インテグレーションCI (Continuous Integration) ツール 図A1.1は、CIツールを使った自動化の概念を示したものである。

アジャイル開発では、上記の単体テストのほかに顧客にリリースを約束した機能単位の外部機能テストを実施する。これは、顧客から見た機能に基づくテストであり、顧客にとっての確認テストである。顧客はこの外部機能テストにより自分の望んだ機能が正しくリリースされ思い通りに動作するがどうかを確認する。

以上に述べたように、アジャイル開発では、内部部品の積み上げである単体テストと顧客へのリリース機能に基づく外部機能の2通りのテストを行っていく。そして、これらのテストは開発と共に積み上げられていき、再テストは自動化されて品質を保証していく。アジャイル開発での品質管理はテスト資産の着実な積み上げと、そのための自動化に支えられている。

(5) 参加メンバーの技量の向上

　アジャイル開発チームでの働き方の基本は「自主独立」である。各メンバーは自分で考え、自分で開発し、誰かの指示や、命令で開発するのではない。同じチーム内の他のメンバーの助けを借りることはできるし、逆に、他のメンバー作業を支援することもある。しかし、他のメンバーから指示を受け、他のメンバーに指示をすることはない。各々のメンバーは独立であり、自分で自分の仕事を行う。

　この考え方はある意味で厳しい。あるレベルの実力がないとアジャイル開発チームのメンバーにはなれない。経験が浅くて、最初から自立ができず指導者が必要であったとしても、その期間は限定され、それが過ぎたら自立しなければならない。したがって、アジャイル開発では必然的に自立できるだけの実力が要求されチームメンバーの力がついていく。それができない人は、アジャイル開発チームのメンバーになれない。

5.2 アジャイル開発における 開発リスクへの対応

　アジャイル開発の理念は、わかり易く魅力的である。近年では多くの実績が積み上げられており、アジャイル開発による大きな効果が報告されている。「それでは！」ということで、アジャイル開発に挑戦してみたいところであるが、注意しなければならないことは、アジャイル開発は、ウォーターフォール開発の連続的な延長線上に存在しない、ということである。そこではある種の「飛躍」が要求される。本節では、アジャイル開発を始めるプロジェクトが遭遇し易いリスクについて、そしてそのようなリスクをどのように回避していくか、について下記のリストの順に解説する。

　下記のリストは、これからアジャイル開発を始めようとするチームの「自己チェックリスト」としても活用できる。チームは、ここに挙げるリ

スクが存在するのかどうか、存在するとすればその回避策をどのようにしていくのか、を「自己チェック」していくために活用できる。

---

(1) チームにアジャイル開発の経験者が不在

(2) 顧客が開発チームに不参加

(3) ドメイン（システム要求仕様）モデルと用語定義集が未開発

(4) 機能（ユーザストーリー）分割が不適切

(5) 1つの部屋で全員が作業不可

(6) チケット管理を未実施

(7) 自動化ツールを未活用

(8) 大規模システムにアジャイル開発を未適用

---

(1) チームにアジャイル開発の経験者が不在

　アジャイル開発を始めるに当たっては、開発チームの中にアジャイル開発の経験者がいることが望ましい。ウォーターフォール開発とアジャイル開発との間にある

　(i) 文化的ギャップ

　(ii) 技術的ギャップ

　を乗り越えるためには、「経験」が大切であり文化の伝承が必要である。これを「優れた頭脳」だけで乗り越えようとすると、思わぬ失敗に陥りがちである。

(i) 文化的ギャップ

　文化的ギャップを構成する主な原因は、アジャイル開発の「自主」の精神と、「試してみる」精神である。

　アジャイル開発では、各メンバーは自主独立の精神を持って開発を進め、誰かの指示や命令で開発するのではない。他のチームメンバーの助けを借りることはあっても、あくまでも自分が開発し、開発に当たっての問題は自分で解決するのである。ウォーターフォール開発では、ともすると「自分は担当者に過ぎず、命令通り、指示通りに開発

する」、「分からないところは上の指示を待つ」との気持ちを持つメンバーが存在する。アジャイル開発ではこのような受け身の姿勢は通じず、自分で問題を解決し開発していく、ことが基本である。この基本的能力を欠いたメンバーは、アジャイル開発チームのメンバーになれない。

アジャイル開発で大切なもう1つの精神は、「試してみる」精神である。試してみて失敗したら、失敗原因を修正して、再度試し、試行と失敗の繰り返しにより問題を解決していく。「失敗を速く繰り返す、そして、速く解を見つける」ことがアジャイル開発の基本精神である。日本人には、基本的に「失敗を恥とする」伝統的精神があり、失敗をしないように慎重に検討を積み上げた上で初めて試行する。このような慎重な方法と、失敗を繰り返しながら行う試行錯誤方式とどちらの効率が良いか、との議論になる。失敗したら命を取られるなら慎重にやらざるを得ない。しかし、現代の高速コンピュータ上でのテストのように、試行のためのコストが小さければ試行を繰り返した方が、早期に解を得られて効率の良い開発ができる。アジャイル開発は、このような現代文明の上に築き上げられている。試行を素早く効率よく繰り返す、また、そのための仕掛けを作り上げる、これがアジャイル開発の基礎となるもう1つの精神である。

(ii) 技術的ギャップ

技術面では、アジャイル開発は、「ルール作り、標準化」と「自動化」を大切にする。チームとしての作業内容、生産物・中間生産物を標準化し、これを前提とした「生産物の共有、再利用」と「自動化」を徹底する。この技術面での考え方は、上記の文化面での考え方にリンクしている。繰返し試行の単価を低く抑えること、そのためには標準化と自動化が必須なのである。アジャイル開発では、自動化への思いが深い。「自動化した方が良い」との発想ではなく、「自動化は死活問題」なのである。ウォーターフォール開発では、自動化は担当者任せとなっているプロジェクトが少なくない。アジャイル開発では、自動化はリーダーが直接に関与する最優先課題なのである。

以上に述べてきたように、アジャイル開発に当たっては、必ずアジャイル開発経験者をチームメンバーの中に入れて、アジャイル文化を

しっかりとチームの中に取り込むことが必須である。

(2) 顧客が開発チームに不参加

開発に顧客が参画すること、がアジャイル開発の重要な特徴の1つである。これにより、開発しようとするシステムに対する要求仕様を正確に捉え、また作成にコストがかかり正確性を欠くドキュメントを削除、削減する。特に重要なのは、アジャイル開発における開発機能の優先度を決める会合と繰り返し開発による成果物を実行し、その妥当性を検証するレビューへの顧客の参加である。

開発対象とするシステムの開発を発注しているからには、顧客全体としてこのシステムに興味がないはずはない。問題は、その要求仕様を良く理解している顧客が多忙であるために開発プロジェクトの会議に出席できないということであろう。顧客が参画することの大切さを説得していく必要があるが、代替案として次のようなことが考えられる。

(i) 顧客の勤務状況を良く聞き取りして、顧客の都合のつく時間帯で、時間を最小限に限定して打ち合わせを持つ。

(ii) その超多忙な顧客の代理の人を指名して頂く、この代理人を介して打ち合わせを持つ。

(iii) 開発チームの中の1人を顧客サイドに派遣する。この派遣された人間が顧客側の要求仕様を良く聞きとり、代理人として働く。また、早期リリースの機能の検証については、顧客側のエンドユーザの参加を要請する。

(iv) ある種の要求仕様については、開発チームメンバー自身が理解を深めて、要求仕様に関する顧客との対話の効率向上を図る。

上記のような代替案はあるものの、基本は顧客参加の大切さを繰り返し顧客に説得していくことが大切である。

(3) ドメイン（システム要求仕様）モデルと 用語定義集が未開発

　ソフトウェアは、情報を処理するシステムであり、システムの基本を構成する概念やオブジェクトの名称が決まっていないと開発はうまく進まない。これは、アジャイル開発だけでなくウォーターフォール開発においても言えることである。

　開発に当たっては、最低限でもドメイン（システム要求仕様）モデルとこれにリンクした用語定義集を作成しなければならない。ドメインモデルでは、ユーザ領域から見たシステムの概略要求仕様を記述する。そして、このドメインモデルやその他のシステムの基本概念、基本構成を表す言葉を用語定義集に登録して管理する。

　代表的なアジャイル開発技法であるXPでは、モデリングの必要性やモデリングの方法について触れていない。しかしながら、XPの推進において必須の作業である、「ユーザストーリーの作成、分割」においてはある種のモデリングが必要となる。XPでは、このようなモデリング作業は、非公式の手書きドキュメントやホワイトボードに記述して、関係する少人数の間でこれを確認しながら作業を進める。コードが書かれた後は、コード上でこのモデルを確認できる、ということである。

　XPは、すべてがface to faceで伝達できるチーム規模、ソフトウェア規模を前提としたアジャイル開発方法である。チーム規模、ソフトウェア規模がこの想定を超える場合には、基本的なドメインモデルの記述が必要である。これが、1枚だけの手書きの図であってもチームで概念を共有するためには効果的である。また、このドメインモデルと対応した「用語定義集」（またはリポジトリー）により、ドメインモデルで使われている用語をしっかりと管理していくことが大切である。これを怠った場合には、用語の不一致、用語の誤使用の問題を引き起こし、開発の大きなネックになる。

（4）機能（ユーザストーリー）分割が不適切 [15] [16] [17]

アジャイル開発では、開発項目をユーザストーリーと呼ばれる小機能に展開し、そしてそれをさらに小単位に分解して、作業管理対象としていく。この機能分割がしっかりと出来るかどうかがアジャイル開発チームの開発能力を左右する。ウォーターフォール開発においても機能設計において機能分割が必要である。しかし、アジャイル開発での機能分割では、その分割した機能のそれぞれを短期間のうちに動作させなければならず、同じ分割といっても、求められる厳しさのレベルがまったく異なる。

ユーザストーリーは、ユーザがシステムに求める基本的な仕様であり、単機能または複数機能の組み合わせで実現される。ユーザストーリーは、UMLのユースケースによく似ているが、UMLで求める形式性は要求されず、自然言語で自由に記述できる。プロジェクトによっては、アジャイル開発においてユーザストーリーではなく、ユースケースで仕様を記述する場合もあるが、それはそれで、アジャイル開発の趣旨と食い違うことはない。ただし、ユーザストーリーとユースケースの違いは理解しておかなくてはならない。

ユーザストーリーという言葉は、アジャイル開発に特有な用語である。アジャイル開発では、ユーザから直接に話を聞いて、それをカードなどのメモに残す、それがユーザストーリーである。したがって、ユーザストーリーは、ユーザと開発者との共通の表現なのであり、形式性は強く求められていない。一方、ユースケースは、言葉は似ているがこれとは異なり、UMLによる記述標準に従ったものでユーザから見たシステムの振舞いを記述する仕様記述言語である。ユースケースには、UMLで定める形式性が要求され、また、上位、下位の階層構造も表現できるようになっている。

XPやスクラム等のアジャイル開発では、「設計」や「モデリング」等の言葉は使わない。そのかわりに機能を表現する「ユーザストーリー」が使われ、機能の詳細化は「ユーザストーリーの分割」の形で行われ、これが設計の役割をしている。「ユーザストーリーの分割」は、アジャイル開発において常に、動的に行われる。まず、各々の繰返し開発期

間を始めるに当たって「ユーザストーリーの分割」が必要となる。また、開発を始めた後であっても、開発対象のユーザストーリーが当初予想以上の大きくて開発期間内での開発完了が困難な場合が起こりうる。このような場合には、このユーザストーリーをさらに分割して、一部のユーザストーリーの開発を次の開発期間にシフトする必要がある。

このように、「ユーザストーリーの分割」は、アジャイル開発において中心的な役割を演じ、それなくしては円滑なアジャイル開発は進められない。以下では、「ユーザストーリーの分割」の方法について解説するものとする。

(i) ユーザストーリー（[26] 4章 ストーリーポイントによる規模の見積もり）

ユーザストーリーとは、ソフトウェアの要求仕様を表現するための簡易な方法である。特にアジャイルソフトウェア開発においては、ユーザストーリーによる表現が基本的になっている。ユーザストーリーを表現する標準的なテンプレートは、「<ユーザの種類>として、<フィーチャ（機能や性能等）>が欲しい。それは<ビジネス価値>のためだ。」との形式になる。<ビジネス価値>の記述は省略されることがある。

例をあげると、「本の購入者として、本の題名で本を検索したい。それは、探している本を見つけるためだ」となる。

ユーザストーリーは、1ストーリーを1枚の紙のあるいは電子的なカード（チケット）上に記述され、ユーザにとってのビジネス価値の面から優先順位付けがされる。

(ii) ストーリーポイントとベロシティ (velocity) [29][30]

ストーリーポイントSP (Story Point) とは、ユーザストーリーを実現するための作業量をあらわす単位である。SPは作業量の大きさを表すものであるが、その絶対値そのものは重要ではない。SPは相対的な作業量を表すもので、SP値が1の作業に対してSP値が2の作業は2倍の作業量がかかることを表す。各々のユーザストーリーの実現にかかる相対的な作業量を、開発メンバー全員で議論して、SPを決めていく。

アジャイル開発においては、開発を短周期（2週間から3か月）で繰

り返していく。1つの開発サイクルで実現したユーザストーリーのSPの合計がベロシティ（velocity：速度）となる。この数値を用いることにより、1日当たり、月当たりの開発速度が分かる。ベロシティはチームの経験が深まるとともに改善されていく（開発速度が上がっていく）。

(iii) SPの見積りとプランニングポーカー

SPを開発対象分野の経験が深い専門家に見積ってもらうことも考えうるが、そのような人材は確保し難い。一般的には、開発チーム自身が見積ることになり、統計的にもその方が正確だと言われている。

見積もりにおいては見積りのスケールによる影響を無視しがたい。人は10倍以内のものならうまく見積れるとの研究結果がある。そこで、見積りのスケールとして次の数列が良く使われる。

A. 1, 2, 3, 5, 8（フィボナッチ数列：Fibonacci numbers,
　　　　　　　　前の2つの数の合計が次の数）
B. 1, 2, 4, 8　　（等比数列）

上記のA.の数列を使う場合に、5のストーリーと比べて少しだけ大きいので6かなと思った時は5に、7ぐらいかなと思った時は8に評価する。8よりももっと大きいのならこのストーリーをさらに小さなものへと分割して、分割したストーリーに対するSPを見積もる。

プランニングポーカーは、SPの見積り技法としてうまく機能することが知られている。参加者は、開発チームの全員である。10名を超えるようであれば、10名以内になるようにグループ分割する。参加者全員に1組のカードが配られる。10枚のカードには

$$0, 1, 2, 3, 5, 8, 13, 20, 40, 100$$

という数値が書かれている。進行役は、見積り対象となるストーリーを読み上げ、そのSPがいくつと思うかを全員が一斉にカードで表示する。進行役は一番大きいSPと一番小さいSPを表示した人に何故そのように評価したかの説明を求める。そして、その意見をベースに全員で議論する。議論に当たっては相手を非難してはならない。なぜ、そう考えるかを聞き出すことに努める。議論の後に、再度、全員がカードで意見を表示する。このような作業を繰り返し、ほぼ全員

の同意が得られるSPをまとめていく。

(iv) 良いストーリーの具備条件 (INVEST) [15] [28]

Bill Wakeによれば。良く書けているストーリーは次の6つの条件を具備している ([15] [28] p.111)。

① 独立している (Independent)：各々のストーリーが他のストーリーと独立している。これにより、ストーリー単位に開発優先順位の調整ができる。一般に、長いストーリーには文脈があり、文と文が独立していない。これを再考することにより、独立した複数のストーリーに分割することが大切である。

② 交渉の余地がある(Negotiable)：実現手段が調整可能である。このことにより、予算と状況に応じた選択が出来る。

③ 価値がある (Valuable)：ストーリーが顧客にとって価値があるものとなっている。顧客の観点から意味のあるストーリーになっている。

④ 見積れる (Estimable)：見積ることが可能である。したがって、ストーリーが大きすぎてはだめで見積もれる大きさに分割しなければならない。また、不確定性が大きすぎても見積もりができないので、この不確定性を減らすべく、不確定性の少ないストーリーへと分割しなければならない。ストーリーの分割方法は次の (v) で述べる。

⑤ 小さい (Small)：短期間に実現ができるほど小さい。

⑥ テストできる (Testable) ：テストできるストーリーでなくてはならない。例えば、「サクサクと小気味良く応答する」、「画面がセクシーである」とのストーリーではテストができない。「テストができない」ということは、アジャイル開発においては「開発できない」ということと同義である。テストするためにはどうしたらよいかを考えて、このストーリーを改良する必要がある。

(v) ストーリーの分割

ストーリーは小さくないと正しい見積もりが出来ない。また、小さくないと作業管理が難しくなり、1つの繰返し開発区間で開発できなくなる。大きすぎるストーリーは、次のように分割していくことが必要で

ある。

① データ境界に沿って分割する

このストーリーが扱うデータの境界 (種類) に沿って分割する。

② データの入力方法により分割する。特にユーザインターフェイスが複雑な時は、可能な限り単純な要素に分割して考える。

③ 操作の境界で分割する

例えば、CRUD (Create, Read, Update, Delete) 操作で分割する。また、ワークフローの各ステップに分割する。

④ ビジネスルールのバリエーションで分轄する

単純に見えても、裏に複雑なビジネスルールがある場合には、このビジネスルールのバリエーションに沿って分割する。

⑤ ストーリーのバリエーションで分轄する

基本ストーリーは単純であっても、多数のバリエーションがあり更に追加されそうな場合は、そのバリエーションごとにストーリーを作成する。

⑥ 横断的な機能を分離する

互いに直交する横断的な機能、例えば、セキュリティ、エラー処理、ロギング等の機能を分離する。

⑦ 機能要求と非機能要求を分離する

ある機能に対して非機能要求がついている場合には、この非機能要求を別のストーリーとして分割する。例えば、性能上の制約がある場合に制約ありとなしにストーリーを分割する。

⑧ 品質を段階的に上げる

当初は、基本的な機能を動作させるだけの品質を求め、段階的に高度の品質を求める。

極めて大切なことであるが、分割に当たって、ストーリーの実現方法へと分割してはならない。実現方法 (内部機能) による分割は別のフェーズとして考えるべきことである。ユーザストーリーの分割は、ユーザから見える外部機能に基づいて分割しなければならない。

(vi) SPの特性とその活用方法

SPは相対的な見積り方法であり、絶対値自身は標準性を持たない。

したがって、その活用には工夫が必要である。

① SPは、作業量を見積るために用いて、顧客に対しては、人月量、あるいは金額で提示、折衝する必要がある。

② 顧客との関係が長期に渡っており、信頼関係が築かれている、あるいは、プロジェクト予算が把握出来るような状況においては、プロジェクトの展開においてSPが活用できる。

③ SPは、どのストーリーを優先して開発していくかの顧客との議論において極めて有効に働く。また、機能追加・変更要求があった時の顧客との議論においても役に立つ。

④ SPは、開発チーム全員で見積り、また、実績を評価していく。このため、身の丈に合った管理が出来る。結果として、チーム能力の強化に大きく寄与する。

(5) 1つの部屋で全員が作業不可

　アジャイル開発は、チームメンバー全員がフェースツフェースでコミュニケーションできる環境で作業できることを大前提としている。このことを前提に小規模な非公式ミーティングを頻繁に行い、また、ドキュメントの量を減らしている。

　チームメンバーが分かれて、お互いに離れた作業場所で分散して開発するならば、このアジャイル開発の大前提が崩れることになり、アジャイル開発が成り立たなくなる。チーム全体が1つの部屋で働くことは、何が何でも守らなければない。しかしながら、システムの開発規模が大きくて複数チームで開発しなければならなければ1つの部屋や1つの場所に収容しきれない。このようなケースについては、6.3(3)(iv)に説明するのでそちらを参照されたい。

(6) チケット管理を未実施

　アジャイル開発では、その名のとおり高速で開発を進める。高速での開発を管理するためには、進捗を正確に計測し、管理するための計

器と技術が必要である。アジャイル開発では、朝一番始業前（夕刻終業前でも良い）のデイリー会議を開催する。デイリー会議では、毎日の進捗状況と進捗上の課題を議論する。立ったままで、決まった時間と場所（職場内）で開催する。

15分以内を目安に、チームメンバーの全員（チームメンバーのみ）が

① この24時間でやったこと

② 次の24時間でやること

③ 作業推進上の問題点

を報告する。したがって、無駄話は一切排除して、効率よくミーティングを進める。また、この他の会議と時間が重ならぬように調整する。

アジャイル開発では、作業管理のためにすべての開発項目（ユーザストーリー）にIDを付ける。ユーザストーリーに展開されない、非機能項目であっても、その調査、検討に時間を取られるのであればIDを付ける。すなわち、すべての作業にIDを付ける。IDのない作業は、プロジェクトとして認められていない非公式の作業となる。

すべての作業にIDがついているならば、前記のデイリー会議の①この24時間でやったこと　②次の24時間でやること　の報告はIDで報告すれば良い。極めて簡潔で正確になる。また、③作業上の問題点　についても、必要に応じて新しいIDをつければよい。

1つのIDに対して1つのチケットを対応させることにより、チケット管理システムによる進捗管理が行なえる。例えば、本書の付録1のA1.8 ITS（Issue Tracking System）に述べたTrac, Redmine等のチケット管理システムは、広く活用されていて、使い易さが実証されている。

「われわれはアジャイル開発を行なっている」というプロジェクトに対する分かり易いチェック項目がある。「デイリー会議をやっていますか?」、「チケット管理をやっていますか?」と聞いてみる。答えがNoであれば、本当にアジャイル開発をやっているかどうか疑わしい。

(7) 自動化ツールを未活用

　3.2節 (8) で前述したように、アジャイル開発では自動化ツールを積極的に活用することが当たり前になっている。しかしながら、アジャイル開発を始めたばかりのプロジェクトにとって、これをすぐに実現することは難しい。

　ウォーターフォール開発では、長い間の伝統に基づく開発が行われていて、自動化ツールも自社開発で自社独自のものを使っていることが多い。この点において、アジャイル開発の文化は大きく異なる。アジャイル開発では、自社固有のツールは殆ど使わずオープンの世界から外部調達する。しかも、殆どのツールはOSS (Open Source Software) であり、無料で調達できる。例えば、3.2節 (8) で紹介した自動化ツールはすべてがOSSである。

　残る課題は、これらの調達したOSSをどのようにして勉強して、早く使いこなせるようになるかである。OSSの長所は世界中の多くの人々によって使いこなされてきたことである。その殆どが極めて使い勝手が良く、1週間もすれば使えるようになる。このツールの社内の利用経験者に講師になってもらい使用法を勉強すると良い。社内に経験者がいなければ社外の経験者を講師として招聘すると良い。たとえそれが有料であったとしても、自動化ツールを自分で開発すること、有料のツールを購入することよりもはるかに安価に入手出来て、使い方を容易に習得できる。

(8) 大規模システムにアジャイル開発を未適用

　アジャイル開発は、提案され始めた当初は小規模なシステム開発に適用されてきた。また、大規模なシステム開発では、過去の文化の慣性が強く、アジャイル開発の適用は進まなかった。このために、アジャイル開発は小規模システム開発のためのプログラミング工程以降を主たる対象としてきた。

　しかし、工期短縮、開発効率向上の観点から、アジャイル開発への

ニーズは高く、大規模システム開発を対象としたアジャイル開発が検討され、その成果が出はじめている。具体的には、要求分析・定義、概念設計、アーキテクチャ設計、等の上流工程へのアジャイル開発の適用が検討されるようになってきている。

　本書では、このような新しいアジャイル開発の流れについて、6章で解説する。

第6章
上流工程を組み込んだ
拡張アジャイル開発

　本章では、上流工程を組み込んだアジャイル開発技法として、表6.1に示した3つの技法を紹介する。これらの3つの技法は、上流設計を組み込んだアジャイル技法を提唱しているが、その発想と内容は大きく異なる。アジャイル開発技法の今後の方向性を考えるうえで大変に参考になる。

表6.1 上流工程を組み込んだアジャイル開発技法

アジャイル開発技法名称	開発・提案者	概　要
アジャイルモデリング (Agile Modeling：AM)	Scott Ambler	AMでは軽量な設計方法を提案している。設計法自体は既存のものから選択して用いる。AMはそれを軽量に、短期間で用いる方法を提案している。AMは、設計方法のみを提案していて、実際の開発ではAMとXP、RUPなどのプログラミング工程以降の開発技法と組み合わせて使う。
Agile ICONIX	Doug Rosenberg	ICONIXは、オブジェクト指向ベースの開発法であり、ユースケースを系統的に変換してコードを得る。上流工程での曖昧性を早期に取り除くのが特徴である。Agile ICONIXは、それをアジャイル化したもの。XPを強く批判していて、XPの悪いところを補ったアジャイルを目指している。
Scaled Agile Framework (SAFe)	Dean Leffingwell	①単独チームによるアジャイル開発から、②複数チームによるアジャイル開発、③企業ポートフォリオレベルのアジャイル開発へとスケールアップしていく方法を提唱する。その中で、ART (Agile Release Train)、アーキテクチャ滑走路 (Architectural Runway) などの大規模システムのためのアジャイル開発技法を提案している。

6.1 アジャイル モデリング
(Agile Modeling: AM) [19]

(1) アジャイル モデリングとは

　アジャイル モデリング（AM）は、Scott Ambler が提唱する、アジャイルなモデリング方法論である。AMは、特定の技法を提案するものではない。既存の多様なモデリング技法をアジャイルに活用する方法を提案するものである。また、AMは、それ自体で完結した開発プロセスを提供するものではない。AMはモデリングについてだけプロセスを提供し、その他の部分については他の開発プロセスと組み合わせて用いる。例えば、AM+XP，AM+RUPのように組み合わせて用いる。

　既存のウォーターフォール開発技法では、モデリングに多大な時間をかけ、多量のドキュメントを作成した。一方、XPを代表とするアジャイル開発技法では、モデリングやドキュメント作成がほとんど行われないように見える。AMでは、そのどちらも適切ではなく、重くもなく軽くもない、バランスの取れたモデリングを提唱する。[19] の中で、このことは次のように表現されている。

　「何百ガロンもの水、考えられるありとあらゆるサバイバル用品のパック、砂漠に関する書籍群、を携えては砂漠を横断できないでしょう。しかし、身軽すぎることも問題であり、最低限の装備を携えずに砂漠を横断しようとするのは愚の骨頂です。」

(2) AMにおける価値

　AMでは、次の5つの価値を重視する。そして、これらの価値を高めるべく、(3) に述べる基本原則と、(4) に述べるプラクティスを定義・実践する。これらの価値は、どこかで見たことがないだろうか。そう、4.1 (2) XPが重視する5つの価値とまったく同じなのである。AMはXPとまったく同じ価値を共有しているのである。（したがって、以下

の価値についての詳細説明は省略する。4.1（2）を参照されたい。）

> （i） コミュニケーション
> （ii） シンプル
> （iii） フィードバック
> （iv） 勇気
> （v） 尊重

（3）AMの基本原則

AMでは、アジャイルマニフェストと共に提案された12の原則を参考として、次のような11項目からなるAMの原則を提唱している。

> （i） ソフトウェアが第1のゴール
> （ii） 次への備えが第2のゴール
> （iii） 身軽な旅
> （iv） 簡潔さを心がけよう
> （v） 変化を受け入れよう
> （vi） 少しずつ変更する
> （vii） 目的を持ってモデリングしよう
> （viii） 複数のモデル
> （ix） 質の高い仕事をしよう
> （x） 素早いフィードバック
> （xi） 利害関係者の投資を最大限に生かそう

上記の原則は、分かり易いものとなっているが、（i）（ii）（viii）については若干の捕捉をする。

まず、（i）は、AM開発で一番大切なことは、プロジェクトの利害関係者のニーズを効果的に満たすソフトウェアを開発することであり、モデリングを行うことでもドキュメントを作ることでもなく、動くソフ

トウェアを開発することであると強調している。

　次に、(ii) は、(i) が達成されるだけではなく、次のステップに向けた備えが出来ていなくてはいけない、と言っている。その時だけ動けばよいのではなく、その先に向けた基礎をしっかりと作り上げることが大切である、としている。

　(viii) は、複数のモデルを組み合わせて用いる方が、簡潔で分かり易いモデリングを行ない易いということを言っている。ソフトウェアは複数の側面を持っており、それぞれの側面を別のモデルで記述した方が分かり易い。例えば、データの構造とユーザインターフェイスの流れは、それぞれに適したモデルで記述した方が良い。

(4) AMの実践 (プラクティス)

　AMを実践するためのプラクティスは次のように分類される。

P-1. 反復的でインクレメンタルなモデリング
　　　(i) 適切な成果物を使おう
　　　(ii) 複数のモデルを並行して作ろう
　　　(iii) 他の成果物に移ろう
　　　(iv) 少しずつモデリングしよう
P-2. チームワーク
　　　(i) 他の人と一緒にモデリングしよう
　　　(ii) 利害関係者の積極的な参加
　　　(iii) 共同所有
　　　(iv) モデルを公開しよう
P-3. 簡潔さ
　　　(i) 中身はシンプルに作ろう
　　　(ii) モデルはシンプルに書こう
　　　(iii) 最も簡単な道具を使おう
P-4. 検証
　　　(i) テストできるか考えよう
　　　(ii) コードで確かめよう

（P-1）反復的でインクレメンタルなモデリング

反復的でインクレメンタルなモデリングのためのプラクティスは次の4項目から構成される。

(i) 適切な成果物を使おう

(ii) 複数のモデルを並行して作ろう

(iii) 他の成果物に移ろう

(iv) 少しずつモデリングしよう

「適切な成果物を使おう」とは、「そのモデリングに適したモデルを使おう」ということである。表6.2にAMで活用することの出来る代表的なモデルを示す [19]。AMでは、対象ソフトウェアのモデリングに適したモデルを、表6.2で示されたモデルの中から選んで、複数人のメンバーでホワイトボード上に書いてみて、検討する。これにより、モデリングを柔軟にかつ効果的に進めることができる。

「複数のモデルを並行して作ろう」とは、複数のモデルを組み合わせて用いる方が、簡潔で分かり易いモデリングを行ない易いということを言っている。ソフトウェアは複数の側面を持っており、それぞれの側面を別のモデルで記述した方が分かり易い。この場合に、これら複数のモデルを並行して作成した方が、作業がはるかに生産的であることが知られている。

「他の成果物に移ろう」のプラクティスは、1つのモデルの作成で行き詰まったときに使うと効果的である。行き詰まりを感じた時に、他の観点からの作業に移ると行き詰まりが解消されることが多い。また、視点が変わることによる新たな発見が期待できる。

「少しずつモデリングしよう」とのプラクティスは、「少しずつ変更する」とのAMの基本原則 (vi) そのものに従うことである。

（P-2）チームワーク

「チームワーク」のためのプラクティスは次の4項目から構成される。

(i) 他の人と一緒にモデリングしよう

（ii）　利害関係者の積極的な参加

（iii）　共同所有

（iv）　モデルを公開しよう

　モデリングを自分1人だけで単独で行うのは、ある意味で危険であると言える。モデリングには、自分の考えをまとめるだけでなく、他の人にそれを伝える、との役割がある。「他の人と一緒にモデリングしよう」とのプラクティスに基づいて1つのチームで、あるいは2~3人が一緒になって作業した方が良いモデリングができる。また、効率も良くなる。他の人と一緒にモデリングを行うためには、一緒に作業を行うための小さな共通作業場所が用意されている必要がある。

　プロジェクトの利害関係者は、直接的・間接的なユーザ、ユーザの上司、上級管理職、運用担当者、ヘルプデスク担当者、テスト作業者、開発するシステムと連動する他のシステムの開発者、保守担当者等、対象とするシステムの開発や導入によって影響を受ける人々を意味する。AMでは、利害関係者の中にプロジェクトの開発者（設計者、プログラマー等）は含まれていない。「利害関係者の積極的な参加」は、「他の人と一緒にモデリングしよう」とのプラクティスと密接に関係する。利害関係者の参加により、開発対象システムにとって重要な情報の入手、要求事項や開発優先度について適切で時期を得た判断をするための情報の入手が期待できる。

　「共同所有」のプラクティスにより、チームのメンバーは必要に応じてモデルを変更することが出来る。関与者が増えるほど、素早いフィードバックが得られる。そして、「このモデルは自分の子供であり、間違っているはずがない」というような思い込みや、私物化を防ぐことが出来る。個人を重視する組織では、この考え方を取り入れることはできない。開発成果物は個人のものではなく、チーム全体のものだ、ということを受け容れる必要がある。

　したがって、出来上がったモデルは「モデルを公開しよう」のプラクティスによって壁などに貼って公開することが推奨される。価値ある成果を公開し、関係者がそれを見ることにより、成果の価値を確かめることができる。

(P-3) 簡潔さ

「簡潔さ」のためのプラクティスは、AMが大切にする基本的な価値に基づくものであり、次の3項目から構成される。

(i) 　中身はシンプルに作ろう

(ii) 　モデルはシンプルに書こう

(iii) 　最も簡単な道具を使おう

「中身をシンプルに作ろう」とのプラクティスにより、過剰なモデリングを避ける必要がある。モデルのシンプルさの指針として次を上げている。

① モデルが伝えたい事柄をすべて伝えている。言い換えればモデルの目的を達成している

② モデルに重複した記述がない

③ モデルがなるべく少ない要素で記述されている

「モデルはシンプルに書こう」とのプラクティスのための指針としては次があげられている。

① 線の交差を避けよう

② 曲線を避けよう

③ 斜め線を避けよう

④ 楕円のサイズを変えるのは避けよう

⑤ 楕円の数が多すぎるのは避けよう（7±2を越えないようにする）

⑥ 不必要に詳しくするのは避けよう

（注）上記で「楕円」とは、ユースケースや機能をその中に記述するためのシンボルを意味する

(P-4) 検証

「検証」のためのプラクティスは、次の2項目から構成される。

(i) 　テストできるか考えよう

(ii) 　コードで確かめよう

モデリングする時に、どうしたらこのモデルをテストできるかを考

える。どのような入力をして、それに対するどのような出力を期待するか、動作させるための環境条件として何を考え、どのように設定するか、等々を考えることになる。テスト可能性を設計時に考えることにより、現実に即した豊かなモデリングが可能になる。

そして、モデリングが完了したらすぐに、これに対応するコードを作成し、更にはテストして、モデルの正しさを確かめることが大切である。モデリング、コーディング、そしてテストを連続した時間の中で、したがって、連続した思考の中で行うことにより効率が良くなる。モデリングとコーディングとテストの間に時間が空くと、誤りが入り易く、確認に手間がかかる。

表6.2 AMで活用する代表的なモデリング手法（[19]より抜粋、編集）

成果物（図表他）	説明	一般的な用途
アクティビティ図（UML）	高レベルのビジネスプロセスや1つのクラスの状態間の遷移を表す	ビジネスプロセス・ルールの分析や設計、複雑な操作のフロー、ユースケース、ユーザストーリー
ビジネスルール定義	運用上の原則や方針、ビジネス上の計算、組織のルール、アクセス管理	要求事項の洗い出し
変更案	潜在的な要求事項、既存の要求事項に対する変更	要求事項の検討
クラス図（UML）	クラス、クラス間の静的な関係、クラスの操作や属性	概念モデル、ドメインモデル、コンポーネント内部設計
CRCカード	各カードにはクラス名、クラスの責務、協調する相手を記述	概念モデル、オブジェクト指向構造設計
コラボレーション図（UML）	オブジェクト間のメッセージフローを記述	オブジェクトやコンポーネントの複雑な相互作用の動的な性質の検討
コンポーネント図（UML）	システムを構成するコンポーネント、コンポーネント間の関係・インターフェイス	コンポーネントベースのシステムアーキテクチャに関する高レベル設計
制約定義	制約の定義（経済、政治、技術、環境）	ビジネス上あるいは技術上の制約の定義
データ図	データエンティティとそれらの間の関係	物理データベース設計、データウェアハウスの概念モデリング、ドメインモデリング、少数エンティティ間の関係
配置図（UML）	コンポーネント（ハードウェア、ソフトウェア）間の実行時の構成についての静的な関係	システム物理アーキテクチャ、物理アーキテクチャ上のソフトウェアの配置
データフロー図（DFD）	プロセス、エンティティ、データストア間でのデータの移動	ビジネスプロセスの分析、ビジネスプロセスの設計

（続く）

（表6.2続き）

成果物（図表他）	説明	一般的な用途
外部インターフェイス仕様	外部インターフェイスのモデル化、外部インターフェイスの種別により記述は多様な形式となる	外部システムに対するインターフェイスの定義
本質ユーザインターフェイス（UI）プロトタイプ	システムの大まかなUIのモデル、プロトタイプ、詳細ではなくUIの背景となる考えを表現する	システムのユーザインターフェイスに対する要求の検討
ユースケース	アクターにとって明確な価値が認められるアクションのシーケンスを示す	システムの利用要求の特定、エンタープライズレベルの利用要求の特定
開発項目	顧客から見て有用で、小さなシステムの結果	要求の検討
フローチャート	ビジネスプロセスやソフトウェアの操作やロジックの流れ	複雑なロジックの定義
用語集	プロジェクトにとって重要な用語の定義集	プロジェクトにとって重要なビジネス用語、技術用語の定義
ネットワーク図	様々な種類のネットワークノードとそれらの接続を図示する	ネットワーク技術インフラの分析と設計
組織図	組織内の管理構造、地位、チームを図示する	組織構造の図示、プロジェクトチームの構成員用のドキュメント
物理プロトタイプ	システムが導入される実際の環境をモデル化する	システムの人間工学的な検討、物理的な設備に対する要求事項の決定
ロバストネス図	オブジェクトをバウンダリーオブジェクト、エンティティオブジェクト、コントロールオブジェクトに分類しアクターとシステムの相互作用を表現する	ユースケースを分析して、ビジネスクラス要素、インターフェイス要素を識別、振舞いに関する要求事項のロジックの妥当性の検証
シーケンス図(UML)	利用シナリオのロジックをモデル化する	利用シナリオまたはユースケースを通るロジックパスのモデル化、複雑な処理ロジックのモデル化
仕様言語（例えばOCL）	構造化され、形式化された方法でロジックを表現する	プロセス、操作、制約、ビジネスルールの精密なロジックの定義、クラス、コンポーネント、操作の制約や不変量の定義
ステートチャート図(UML)	オブジェクトがとりうる状態と状態間の遷移を図示する	複雑なクラスやコンポーネントのふるまいの設計
構造図	手続き型コードのモジュールやモジュール間の相互作用を図示する	手続き型ソフトウェアの呼出し構造、Webサービスの呼出し構造
システムユースケース	GUI, HTML等のユーザインターフェイスの種類や物理的環境のような大きなレベルの実装上の決定を反映したユースケース	利用要求の分析、利用要求の実装の大きなレベルの設計
技術的要求事項	性能、信頼性、技術的環境等、ビジネス面でないシステムの側面に対する要求	要求の識別
利用シナリオ	1つ以上のユースケースやユーザストーリーの経路を表現する	システムの利用法の検討

（続く）

（表6.2続き）

成果物（図表他）	説明	一般的な用途
ユースケース図（UML）	アクターやユースケースの集まりおよびそれらの間の関係	主な利用要求を示すシステムの概観図、プロジェクトの開発範囲を示すコンテクスト図、既存システムの利用要求の分析
ユーザインターフェイスフロー図（UIフロー図）	主要なインターフェイス要素間の大きなレベルの関係のモデル化、システムのUIを鳥瞰的に図示	UI要求事項の検討、UIをアーキテクチャの観点から大局的に捉える、UIの大きなレベルの設計
ユーザインターフェイスプロトタイプ（UIプロトタイプ）	システムのUIをモックアップすることにより、ユーザを積極的に巻き込んで分析を行う	問題空間の検討、UIの詳細設計
ユーザストーリー	プロジェクトの利害関係者との会話のメモ、ふるまいに関する要求事項、ビジネスルール、制約、技術的要求事項を含む大きなレベルでの要求事項を表現する	利用要求の検討、プロジェクトの利害関係者と会話するためのメモ

(5) モデリングセッション

AMでは、アジャイルなモデリングセッションを開催して、複数人でモデリングを行うことを推奨している。以下では、モデリングセッションを開催するにあたっての留意事項を述べる。

(i) モデリングセッションの長さ

モデリングの内容は、開発時期と共に変わっていく。開発の初期では、システムの全体像に最も関心を払う。開発中期には、システムの特定の部分をどのように実現するかに集中する。開発の終盤では、システムを実システムにどのようにマッピングして実用化するかに関心が払われる。すなわち、時と共にモデリングの対象と内容は変わり、したがってモデリングにかける時間も変わってくる。

開発の初期段階では、モデリングの時間は長くなりがちである。しかしながら、複数日にわたるようなモデリングは危険である。新しい考えが浮かばずにループしてしまいがちである、未解決の部分や曖昧な部分があっても、それをそのままにしていったん作業を終了して、少し時間をおいてから再度挑戦する方が良い。1つの長い時間枠よりもより小さな複数の時間枠でモデリングした方が効率良く行える。

開発が軌道に乗ってくれば、モデリングセッションは10〜20分の

長さに収められることが多くなる。出来るだけ小さなまとまりを対象として、短時間のモデリングセッションを実施すべきである。短時間のモデリングセッションは、「ちょっとした設計の打ち合わせ」と捉えると、理解し易い。

モデリングセッションを短時間に収めるためには、次のような工夫をすると良い。

① 立ったままモデリングセッションを行う

② 短時間のモデリングセッションを習慣とする、また、ルールとする

③ 1つのテーマに限定してモデリングセッションを行う

④ 目的を達成したらモデリングセッションを終了する（他の話題や雑談に入らない）

(ii) モデリングセッションの種類

モデリングセッションでの検討の方法により、これを次のように分類できる。

・ 単一成果物モデリングセッション
　（ユースケース／データモデル／クラスモデル等の成果物ごと）

・ フェーズモデリングセッション
　（要求/分析／アーキテクチャ/設計等のフェーズごと）

単一成果物モデリングセッションは、特定の単一成果物を作成するために開催される。この方法では開発すべき成果物が明確であり絞られていて、成果物の形式に捕らわれがちである。AMの目的は、複数の観点からみて優れたモデルを作ることであり、ドキュメントを作ることではない。したがって、複数のモデルを並行して開発する。この意味で、単一成果物モデリングセッションは勧められない。

フェーズモデリングセッションでは、そのフェーズに必要とされる複数のモデルを並行的に開発する。ドキュメントの形式よりもモデルの内容に関心が注がれ、より充実したモデリングが行なわれる。

(iii) モデリングセッションの参加者

モデリングセッションへの参加者は、主たる参加者とサポート役に分類される。サポート役は、司会、書記、オブザーバから構成される。

大きなモデリングセッションでは、このようなサポート役の助けを借りると効率的である。しかし、小さなモデリングセッションでは、このようなサポート役を特別に用意する必要はない。

　主たる参加者は、次の人たちから構成される。

　①利害関係者（ビジネスに関する情報を提供し、要求事項の優先度の決定を支援する）

　②分析者（利害関係者の協力の下で、情報を収集、引出し、文書化し、検証する）

　③開発者

　分析者は、うまく活用すれば効率が上がるが、分析者が主役を演じて、開発者が脇役に置かれ傍観者にされるような状態は危険である。本来の主役は開発者であるべきであって、分析者が主役を演じるようであると、開発者の動機付けが弱くなり、開発の効率が下がる。

(iv) モデリングセッションの形式

　モデリングセッションを定められた形式で進めるかどうかの議論がある。参加者が多く、そのモデリングセッションのプロジェクトでの位置付けが重要なものであれば、定められた形式も必要であろう。しかし、小さなモデリングセッションであれば、形式にこだわらず、参加メンバーの相互理解により自由な形式で実施すれば良い。

(v) 効果的でないモデリングセッション

　次のようなモデリングセッションは効果的でない。

　①開催が多すぎる

　②モデリングセッションが長すぎる

　③参加者が多すぎる

　④モデリングセッションの形式が厳しく定められている

　このような問題に気がついたときは、モデリングセッションの本来の目的に戻り、そのセッションの目的を絞り込むことによって、効率的な運用を取り戻すべきである。

(6) ドキュメンテーション

　アジャイル開発においては、ドキュメントの作成を抑制することにより開発効率を上げることを、主要な方針としている。AMを導入することによってドキュメントの作成が増えるのでは、本末転倒である。

　まず基本的に問わなくてはならないのは、何故にそのドキュメントが必要なのか、その本質を明らかにすることである。そのドキュメントを作ることが規則だから、ドキュメントがあった方がしっかりと立派なプロジェクトに見えるから、どう使うのか分からないが顧客が欲しいと言っているから、検査する人が必要だと言っているから、等々の理由は、そのドキュメントを必要とする本質を表現していない。そのドキュメントが必要だとして、次に、その内容や記述形式を議論するべきである。形式を重んずるがゆえに、冗長なものになっていないか、分厚くすることを前提にしていないか（ドキュメントの厚さだけに関心がある人もいる）、その情報は他から（例えば、ソースコードから）得られないか、等々、そのドキュメントを必要最小限に絞ることを検討することが大切である。

　また、そのドキュメントを作成するための工数、費用の概算値を算出すると良い。そのドキュメントの利用価値が作成費用以上になっていなければおかしいはずである。

　[19]では、アジャイルなドキュメントを作成するための要点を次のようにまとめている。

① 重要なのは、ドキュメントを作成することではなく、効果的にコミュニケーションを行なうことである。

② ドキュメントは"贅肉がなく、引き締まったもの"であるべきである

③ 出来る限り身軽に旅をすべきである

④ ドキュメントは「かろうじて十分なだけ」でなければならない

⑤ モデルが常に文書であるとは限らず、文書が常にモデルであるとは限らない

⑥ ドキュメントは、ソースコードと同じように、システムの一部である

⑦ チームの第1のゴールはソフトウェアを開発することであり、第2のゴールは次の作業への備えである

⑧ ドキュメントを持つことによる利点は、ドキュメントを作成し保守することの費用を上回らなければならない

⑨ ドキュメントを信用してはならない

⑩ システムごとにドキュメントに対するニーズは異なる、1つのやり方ですべてまかなえるわけではない

⑪ ドキュメントを欲しいかどうかでなく、それが必要なのか、なぜ必要だと思っているのかを尋ねるべきである

⑫ システムのドキュメントに投資するかどうかは、ビジネス上の判断であって、技術上の判断ではない

⑬ 必要な時だけドキュメントを作成するべきである、ドキュメントのためのドキュメントを作成してはならない

⑭ ドキュメントは、困った時だけ更新すべきである

⑮ ドキュメントが十分かどうかを決めるのは、開発者でなく、顧客である

(7) AMとXP

AMをXPと組み合わせて用いると極めて効果的であるという。以下では、AMとXPとの関係について解説する。

(i) XPとモデリング （XPではモデリングを行なわない?）

XP (eXtreme Programming：極限プログラミング) は、その名前の強烈さゆえに、有名にもなり、また、誤解も受けている。4.1 1)に述べたように、XPとは、

良いと思われるもの・ことを極限 (extreme) まで行い、

不要と思われるもの・ことは一切行わない

ソフトウェア開発手法であると、発案者であるKent Beck他により説明されている。このことから、次のように誤解されている場合が少なくない。

・プログラミング手法である

・設計やモデリングは含まれない

しかし、AMの提案者であるScott Amblerによれば、XPはモデリングを次のように含んでいる、という。

① XPにおけるストーリー展開、分解はモデリング作業そのものである

② XPでは、「テストファースト」により、コーディングに先行して、テストを作成するが、これには設計、モデリング作業が含まれている

③ XPで行われる「リファクタリング」は、設計改善作業であり、モデリング作業を含んでいる。

すなわち、XPではモデリングや設計作業は、表立った形では記述されていないが、しっかりと織り込まれているという。AMは、XPの中に織り込まれているモデリングの作業を表立った明確なものにし、また強化する役割を持つ。XP + AMにより、アジャイル開発技法として強力に機能することを目的としている。

(ii) AMとXPを組み合わせた活用

本節の (2) ~ (4) に述べたように、

(2) AMにおける価値、

(3) AMの基本原則、

(4) AMのプラクティス

は、XPのそれとオーバラップし、また相互補完する関係にある。両者は非常に相性良く作られている。そしてまた、XPはモデリング作業を含んでいる。それはともすると表立つことなく、プログラミングを支える作業として位置付けられることがある。一方、AMはモデリングに特化した作業であり、表6.2に示したような多様なモデルを柔軟に、かつ効率よく活用していく。この両者の特徴から、AMとXPは混在させ組み合わせて活用できる。

AMでモデリングした結果を、XPでさらに細かくストーリー分解して、テスト、コーディング、リファクタリングへとつなげていくことが出来る。また、XPで作成したストーリーが大きすぎた場合に、ユーザインターフェイス、データベース等をモデリングすることにより、ストー

リーをさらに細かく分解することが出来る。このように、AMにより
XPの可能性を大きく広げることが出来る。

6.2 Agile ICONIX

（1）Agile ICONIXとは

　1994年に米国Rational社は、GE社にいたJames Rumbaugh
を雇った。Rumbaughはオブジェクト指向開発方法論である
OMT（Object Modeling Technique）の開発者である。これに
よりRational社の創業当初から同社にいたBooch法のGrady
BoochとRumbaughが協業するようになった。更には1995年
ObjectoryABがRationalに買収されたことによりオーナーのIvar
Jacobsonが加わった。Jacobsonは、OOSE（Object Oriented
Software Engineering）の開発者として知られていた。これにより、
通称Three Amigosで呼ばれる3人が一緒に働くことになった。や
がて3人の共同作業は、1997年のOMG（Object Management
Group）によるUML（Unified Modeling Language）の誕生へと
つながっていく。

　ICONIXの開発者であるDoug Rosenbergは、早くからオブジェ
クト指向技術に着目しており、特にThree Amigosによる仕事に注
目して、3人の持つ技法の良いところを抽出してまとめたICONIXを
開発した [17]。ICONIXはUMLよりも以前に開発されたとしてい
る。結果として、ICONIXは、ユースケースを系統的にプログラムコー
ドへ展開、変換するコンパクトな技法としてまとまっており、米国を中
心に受け入れられた。すでに約30年弱の歴史を経て活用されている
安定した技法として定着している。

　ICONIXの重要な特徴は、極めてコンパクトな技法にまとめられて
いることである。ICONIXの設計プロセスでは次の4種類の図だけ
を用いる。

　（i）　　ユースケース図
　（ii）　クラス図

（iii）　ロバストネス図

（iv）　シーケンス図

この点で、多様な図表から構成されるUML全体よりもはるかにコンパクトになっている。(i) ユースケース図でシステムの振舞いを、(ii) クラス図で静的な構造を表現する。(iii) ロバストネス図では振舞いをオブジェクトに割り当て、(iv) シーケンス図で振舞いを詳細なメッセージ、メソッドの形式でオブジェクトに対応付ける。そして、(v) シーケンス図からコードを作成する。

アジャイル開発技法は、ICONIXよりも後に提案されている。その中でも、XPは米国において熱狂的な話題となった。オブジェクト指向設計に基づく系統的な技法であるICONIXを推進するRosenbergたちにとってXPは受け入れがたく、XPへの批判を含めて [20] をまとめている。

そして、最終的には、Rosenberg達は、アジャイル技法をXPの気に入らない部分を取り除いた上でICONIXの中に取り込んだ。それが、Agile ICONIXである。アジャイルとICONIXの相性は良く、安定した技法に成長し、今や、ICONIXにおいては、Agile ICONIXが標準となっている。

(2) ICONIX開発プロセス

Agile ICONIXの詳細な説明に入る前に、その基盤となっているICONIXの説明をする。ICONIXの目的は要求仕様の持つ曖昧さを早期に取り除きながら、要求仕様を系統的にプログラムコードに展開、変換する技法である。ICONIXの本質的な役割は次のとおりである。

「要求仕様から曖昧さを根絶した上で、きれいな設計をすること」
"Root out ambiguity from the requirements, and do a clean design."

これを実現するためには、次の4つのことが大切である。

(i) Elicitation（誘発）：要求仕様およびユースケースを記述する。ユースケースについては基本経路と代替経路の両方を記述する（晴の日と雨の日のシナリオを書く）。

(ii) Disambiguation（曖昧さの削除）：記述された要求仕様から曖昧さを取り除く。

(iii) Object Discovery（オブジェクトの発見）：曖昧さが取り除かれた要求仕様を実現するためにどのようなクラスとオブジェクトが必要かを決定する。

(iv) Prefactoring/model refactoring（プリファクタリングとリファクタリング）：曖昧さが取り除かれた要求仕様を実現するための機能をクラス群の上にマッピングする。Responsibility Driven Development（責務駆動設計）の原則にしたがって、このマッピングが、クリーンであり、各クラスが関連するメソッドに責任を持つことを確認する。

ICONIXでは、上記を実現するためのプロセスを次のように展開している。

Step1　実世界のドメインオブジェクトを認識する

Step2　動作上の要求仕様（ユースケース）を定義する

Step3　ユースケースの曖昧性を除去するためのロバストネス分析を行い、ドメインモデルにおける分析と設計の間にあるギャップを認識する

Step4　オブジェクトに動作を割り当てる（シーケンス図の作成）

Step5　静的モデルを完成させる

Step6　コードを記述、生成する

Step1 実世界のドメインオブジェクトを認識する

Step1では、実世界のドメインオブジェクトを認識して、ドメインモデルを作成する。ドメインモデルはこのプロジェクトで認識されるあらゆるオブジェクトに関する用語集であり、これらのオブジェクト間の関係を表現するものである。ドメインモデルでは、これらのオブジェクト

間の関係をクラス図による汎化 (is-a) 関係や集約 (has-a) 関係で表現することにより、静的な構造を定義する。一方、Step2で述べるユースケースは、動的な振舞いを定義する。ドメインモデルを最初に作成する訳であるが、最初からこれを完璧なものにする必要はない。後続するStepで不足するオブジェクトを認識したら、その時点でドメインモデルに追加していけば良い。最初にドメインモデルの作成にかける時間は、せいぜい2時間程度で良く、その後に段階的、継続的にモデルの改良を図っていく。ドメインモデルは、用語集としての役割も持っている。プロジェクトで用いる用語が統一されていないと、様々な「悲劇」が生じる可能性があり、用語集としてのドメインモデルの作成は極めて重要である。

Step2 動作上の要求仕様 (ユースケース) を定義する

Step2では、システムの動的な振舞いをユースケースにより記述する。ユースケースでは、晴れの日と雨の日の動作を記述する必要があり、これらが、複数あるのならば、それらのすべてを記述する。そして、記述は「2段落ルールに従わなくてはならない」。すなわち、1つのユースケースは1段落または2段落で記述しなければならず、もしも3段落以上での記述が必要であれば、そのユースケースをさらに小さなユースケースに分解する必要がある。

ユースケースを記述する場合に、自らに対して次の3つの質問をすると良い。

(i) 何が起きるか？：これで、「晴れの日のシナリオ」の開始が分る

(ii) そして何が起きるか？：「晴れの日のシナリオ」が完了するまで、この質問を続ける

(iii) 他にどのようなことが起きるか？：想定可能なすべての「雨の日のシナリオ」と関連する振舞いを発見するまでこの質問を続ける

ユースケースはオブジェクトとの対応関係を明確に記述する。このこと無しに、ユースケース駆動のオブジェクト設計はできない。そして、このオブジェクト名称は、ドメインモデルで記述されていなければ

ならず、もしも記述されていなければ、ドメインモデルを修正する。

　ユースケースの記述は、「名詞－名詞－動詞」の形式とする。「名詞1が名詞2対して動詞の操作をする」との形式である。これに徹することにより、ユースケースの記述は書き易くなり、理解し易いものになる。ユースケースで用いられるユーザインターフェイス等の画面は紙芝居や手書きイメージを作成すると良い。これにより、イメージが明確になり、シナリオが具体化される。

　ユースケースは、「ユーザとシステムとの間の対話を表現する」ものである。一方、アルゴリズムは連続した動作、操作を表現するものであるが、このような対話を表現するものではない。したがって、ユースケース上では、複雑なアルゴリズムであってもそれが最終的に果たす機能だけが関心事になる。このアルゴリズムの果たす機能を1ステップで記述して、アルゴリズムの詳細が必要であれば別のドキュメントで記述することになる。

　Step3 ユースケースの曖昧性を除去するためのロバストネス分析を行い、ドメインモデルにおける分析と設計の間にあるギャップを認識する

　Step1, Step2は、対象とするシステムが何をなすべきか（what）を分析して定義するプロセスである。このwhatを静的なドメインモデルと動的な振舞いを表現するユースケースで表現する。一方、後続するStep4（オブジェクトに動作を割り当てる）、Step5（静的モデルを完成させる）、Step6（コードを記述、生成する）　のプロセスでは、このシステム（ソフトウェア）が、このwhatをどのようにして（how）実現するかを設計していくプロセスである。このwhatとhowの間には（分析と設計の間には）大きなギャップが存在する。以下に述べるStep3 ロバストネス分析 [17] は、このギャップを渡るための架け橋として機能する。ロバストネス分析では、ユースケースをロバストネス図に変換する。ロバストネス図とユースケースは論理的に等価である。ユースケースは、「ユーザとシステムとの間の対話を表現する」ものであり、ロバストネス図は、「システムの動作をオブジェクト間の相互作用として表現する」ものである。したがって、両者は本質的に相互変換可能なものである。しかしながら、Step2で作成したユースケースに

は、誤りや記述不足が含まれがちであり、ユースケース単独でレビューをしても、これらの誤りや記述不足をなかなか検出できない。ロバストネス分析を行うことによりこのような誤りを容易に検出できる。

バウンダリー　　　　　エンティティ　　　　　コントローラ
オブジェクト　　　　　オブジェクト

図6.1 ロバストネス図のシンボル

ロバストネス図では、図6.1 に示した3種類のシンボルを使う。
- ・バウンダリーオブジェクト：システムと外部世界とのインターフェイス、バウンダリーオブジェクトは通常、画面かWebページ (すなわち、プレゼンテーション層) となる
- ・エンティティオブジェクト：ドメインモデル上のクラス
- ・コントローラ：バウンダリーオブジェクトとエンティティオブジェクトの間の接着剤 (グルー)

上記において、バウンダリーオブジェクトとエンティティオブジェクトは、名詞に対応し、コントローラは動詞に対応する。これら3つの間の関係には次の規則が存在する。
- ・名詞は動詞とつなぐことができる (逆も可能)
- ・名詞を他の名詞につなぐことはできない
- ・動詞は他の動詞とつなぐことができる

これらの規則に従えば、ユースケースにおける「名詞─動詞─名詞」の記述は、容易にパターン化出来て、ロバストネス図に変換できる。このような変換が出来ないのは、一般に、ユースケースの記述に問題がある場合が多い。ユースケースを見直して、必要なら改訂を加える。

ロバストネス図は、ユースケースと直接的な対応が取れるので、ロバストネス図を作成する際はユースケース記述をロバストネス図のどこかに貼り付けて、これを参照しながらロバストネス図を作成すると作業効率が良い (図6.2参照)。このようにユースケースを見ながらロバストネス図を書いていくと、ユースケースの不備を見つけることが少

なくない。ロバストネス図の作成が、ユースケースの妥当性、充分性の
チェックにもなっている。

ロバストネス図のエンティティは、ドメインモデルから取り出す。この作業においてもドメインモデルが不十分であることが検出される場合がある。ロバストネス図の作成は、このようにドメインモデルの妥当性の検証にもなっている。

以上に述べたことの繰り返しになるが、ロバストネス図の作成はドメインモデル、ユースケースの検証作業も含んでいる。慣れないうちはかなり大変に思えるが、この大変さはドメインモデル、ユースケースの正しさを検証し、不良を後工程に残さないとの大きな効果を伴うものであり、極めて価値がある。

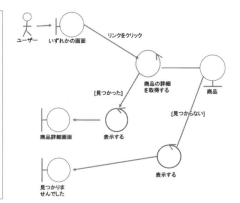

図6.2 ロバストネス図上へのユースケース図の貼り付け [17]

画面に対しては、画面単位にバウンダリーオブジェクトが作成されることになり、これに名称を付けて、以降の工程での管理対象としていく。ロバストネス図上のコントローラは、独立したコントローラオブジェクトとなることは稀であり、通常はあるオブジェクトから他のオブジェクトへのメッセージ（メソッド）となる。

以上、ロバストネス図の作成について述べてきたが、ロバストネス図の作成はいわば予備設計に当たる。これをベースとして、次のStep4でのシーケンス図による設計へとつなげていく。

Step4 オブジェクトに動作を割り当てる
　　　（シーケンス図の作成）

　ロバストネス図では、「システムの動作をオブジェクト間の相互作用として表現する」ことにより、必要とされるオブジェクトを「発見」してきた。Step 4の詳細設計では、これらのオブジェクトに対して「振舞いを割り当てる」。

　Step 4での具体的な作業はシーケンス図の作成となる。シーケンス図では、図6.3の例に示すように[17]、図の最上位に1つのユースケースに関連するオブジェクト群を配置する。その一番左側にはアクター（具体的には顧客）を配置し、その他のオブジェクトとしては、バウンダリーオブジェクトとエンティティオブジェクトが配置される。しかし、コントローラオブジェクトは記述されない。コントローラ（動詞）は、バウンダリーオブジェクト、エンティティオブジェクト（共に名詞）を操作するためのメッセージとなる。すなわち、オブジェクト相互間の操作関係を示す矢印の上に記述される。

　シーケンス図上で、時間は図の上から下へと垂直方向に流れていく。ユースケースごとにオブジェクト間の振舞いのシーケンスを記述していく。これは、基本コース（晴れの日のシナリオ）に対してだけではなく、すべての代替コース（雨の日のシナリオ）についても行う。この作業では、オブジェクトに対する責務の割り当てと、オブジェクト間の相互作用の両者を同時に設計していることになる。高度の集中を要する作業であるが、付加価値の高い作業であると言える。オブジェクトに対する責務の割り当てについては、[22] が優れた内容を提供してくれる。

　上述のユースケースとシーケンス図との対応を明示すると理解がし易くなる。ユースケースのコピーをシーケンス図の近辺（左側または下方）に配置して、そのユースケースに対応したシーケンスを右側または上方に記述することができると良い。シーケンス図は、フローチャートではないということに充分に留意しなければならない。フローチャートは、たんなる操作の流れを表すものであるが、シーケンス図はオブジェクト（クラス）に対する振舞いを割り当てるものである。このことを忘れると、シーケンス図の本来の役割を果たさなくなる。

　シーケンス図上での振舞いの割り当ては、事前にこのことをしっかりと設計することにより問題点の先取りをしていて、いわばプリファクタリング（prefactoring）をやっていることになる。いきなりコードを書きながら振舞いを設計して、後で頻繁にこれを書き直すリファクタリング（refacoring）の方法よりも高い生産性が得られる。

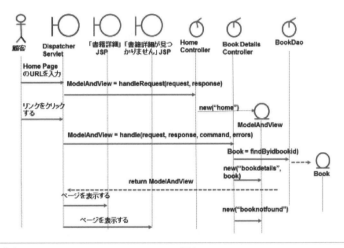

基本コース：
顧客は書店のホームページのURLを入力し、システムはそれを表示する。システムはカタログから書籍一覧を取り出して表示し、ホームページ上にクリック可能なリンクの形式で表示する。
顧客はホームページ上のリンクをクリックする。システムは選択された書籍の書籍詳細を取得し、書籍詳細画面上にそれを表示する。

代替コース：
書籍が見つからなかった場合：システムは「書籍詳細が見つかりません」画面を表示する。

図6.3 シーケンス図 [17]

Step5 静的モデルを完成させる

　以上のStep 2〜Step 4の過程で静的モデルも改訂、改良が加えられてきている。そして、最終的には次の観点からの改良を加えて静的モデルを完成させる。

(i)　基盤クラスの利用
(ii)　デザインパターンの採用
(iii)　設計をアプリケーションフレームワーク（Spring等）に適合させる
(iv)　操作の引数リストの最終調整

Step6 コードを記述、生成する

　以上のStepを完了した後は、設計結果に基づいてそのままコードを記述、生成すれば良い。コード作成において問題が生じた場合は、その元となる設計に立ち戻って修正していくことになる。

(3) ICONIX からみた XP に対する批判 [20]

　ICONIXは、（2）ICONIX開発プロセス　で見てきたように、上流工程をしっかりと設計し、これに基づいてコーディングまでを系統的に進める開発技法である。一方、XPは従来型の開発方法の否定を前提とした軽量な開発技法である。当然のこととして、ICONIXからXPに対しては沢山の批判がある。以下では、その主なものを紹介する。総じていえば、「XPから"extreme"を取り除いて、"boil over"（ガンガンに煮立てる）よりも、"simmer gently"（静かに煮込む）方が良い」との意見である。

(i)　　設計が行なわれていない、したがって重大な不良が作り込まれやすい
(ii)　　ドキュメントがない、重要な情報が共有されにくい
(iii)　小規模ソフトウェアは開発できても、大規模ソフトウェア開発には向かない
(iv)　メタファーを強調しているが、設計が不足していることの裏返しである
(v)　　リファクタリングは良いが、リファクタリングに頼り過ぎであ

る

（vi）ペアプログラミングは、いつもうまくいくとは限らない

（vii）チームの中に常に顧客が同席していることが実現できるとは
思えない

（i）設計が行なわれていない、したがって重大な不良が作り込まれやすい

XPでは、設計という言葉が出てこない。すべてが、口頭での打ち合わせで決定され、その結果がソースコードに反映される。打ち合せで、図が用いられることがあっても、それはメモ用紙やホワイトボード上であって、一時的に作成されることはあっても保存されず、ソースコードが出来た後は廃棄される。

ICONIXでは、上流工程での要求仕様の曖昧さが最大の敵であり、これを如何にして効果的に削減するかが最も大切と考えている。設計をきちんとしないことは、結局は後工程での後始末につながり、効率を落とし、工期を長びかせる。

（ii）ドキュメントがない、重要な情報が共有されにくい

XPでは、ドキュメント作成は非効率の元凶と考えている。作成に多大な工数がかかるし、ドキュメントでは情報が正しく伝わらない、フェースツフェースのコミュニケーションがベストであり、伝達された情報はソースコードの形で残るのでそれで充分である、と考えている。ICONIXでも、ドキュメントは必要、最小限に限定すべきであるとしているが、上流設計を大切にしており、その設計結果としてのドキュメントが作成される。それを保存し、再利用、共有するのは当然のことである。設計情報は、高度に抽象化・構造化された情報を含んでおり、そのすべてをソースコードから読み取るのは無理である。

（iii）小規模ソフトウェアは開発できても、大規模ソフトウェア開発には向かない

上記の（i）、（ii）の結果として、XPは小規模開発には適用できても、大規模開発には向かない。数名からなる1つの小チームの中での開発、口頭で連絡が可能な小チームでの開発に限定される。大規模開

発をXPだけで開発したとの事例は報告されていないが、失敗事例は
報告されている。

(iv) メタファーを強調しているが、設計が不足していることの裏返しである

ICONIXの立場からしてXPが強調するメタファーは悪いことではない。しかし、設計をきちんとしていれば、メタファーがなくともうまくいく。XPがメタファーを強調するのは、設計をきちんとやらないことの裏返しである。

(v) リファクタリングは良いが、リファクタリングに頼り過ぎである

ICONIXとしても、リファクタリングの必要性とその効果は否定しない。しかし、XPはリファクタリングに頼り過ぎであり、高頻度のリファクタリングを開発の前提としており、XPが設計をしっかりとやらないことの裏返しである。リファクタリングそのものの本質は、設計のやり直し、後付け設計であり、開発効率を落とすものであり、これに頼りすぎることは賛同できない。

(vi) ペアプログラミングは、いつもうまくいくとは限らない

ICONIXとしても、ペアプログラミングの効果は認める。しかしながら、ペアプログラミングは、どのようなペアにおいても、いかなる状況においてもうまくいく、効率が上がるとは限らない。心理学的にうまく合わないペアもある、ペアプログラミングが効率的でない作業もあり、深く考えたいときに隣に他の人が座っているのは邪魔であることもある。ペアプログラミングは状況に応じて使い分けるべきであり、XPが言うようにこれを作業の大前提にすることには疑問がある。

(vii) チームの中に常に顧客が同席していることが実現できるとは思えない

これはXPの単なる夢に過ぎず、常に顧客が同席していることなど、どのようなチームにおいても出来るはずがない。

以上、(i) ～ (vii) で「ICONIXからみたXPに対する批判」をまと

めた。設計工程を大切にするICONIXからみて、「XPはプログラミング工程に偏り過ぎていて設計工程を軽視しており、バランスを欠いている」と評価されている。

(4) アジャイルマニフェストをリファクタリング？

ICONIXを推進するRosenberg等は、図2.1に示したアジャイルマニフェストも次のようにリファクタリングしたらどうかと提案している[21]。

(i) 個人間の対話を効率的にするために、柔軟なプロセスとツールが必要である。

> "To get individuals interacting effectively, you need flexible processes and tools."

(ii) 曖昧さなく伝達するためには、最小限でかつ十分なドキュメントが必要である。

> "To communicate unambiguously, you need minimal but sufficient documentation."

(iii) 顧客の協力を得るために、まず、最初に契約を締結しなければならない。

> "To gain customer collaboration, you need to negotiate a contract first"

(iv) いつ変更するべきかを知り、自分が変更しつつあるのを認識するためには、計画が必要である。

> "To know when to change and to recognize that you are changing, you need a plan."

リファクタリングというものの図2.1のアジャイルマニフェストを捨てる必要はなく、それと上記を一緒に活用してほしいと述べている。

(5) Agile ICONIX 開発プロセス [21]

　ICONIX開発プロセスを確立したうえで、これにアジャイル開発技術を取り込んだものがAgile ICONIXである。アジャイル技術を取り込むに当たって、Rosenberg等は、XP等の既存のアジャイル技術を分析し、本質的でないものは排除してアジャイルの中核的技術（Core アジャイル Subset）だけを抽出して採用したという。これは、ICONIXの開発において多様なUMLの図表の中から、ユースケース図、クラス図、ロバストネス図、シーケンス図の4種類の図だけ（ICONIX Core Subset）を抽出したのと同じ考え方である。

　Agile ICONIXのプラクティスは、以下のように2分類された12項目からなる [21] pp.61~85）。

＜ICONIX プロセスのプラクティス＞
- (i)　要求分析及び曖昧性の削減
- (ii)　ドメイン分析（顧客やユーザも含めたプロジェクトのすべての関係者の間で共通の言葉を使う）
- (iii)　要求仕様の不安定さへの対応、したがってまた、要求仕様の変更への対応を減らすためのインタラクション設計
- (iv)　プリファクタリング/モデル駆動リファクタリング（設計を出来るだけ前倒しで推進するための正しいプロセスの適用）

＜伝統的なアジャイルプラクティス＞
- (v)　アジャイルプランニング（アダプティブプランニング：状況に応じて計画を細かく分割、調整、変更する）
- (vi)　高頻度の小規模リリース
- (vii)　しっかりとしたテスト
- (viii)　所有責任/共同責任
- (ix)　高頻度の生産物統合
- (x)　短期の繰返し開発（リリースを固定サイズの繰返し開発に分割）
- (xi)　各リリース後にモデルとコードを同期化
- (xii)　チームコミュニケーションの最適化

　上記の12項目のプラクティスは次のように4分類することも出来る。

＜全体のまとめプラクティス＞
　（v）　アジャイルプランニング
　（vi）高頻度の小規模リリース

＜要求分析＞
　（i）　要求分析及び曖昧性の削減
　（ii）　ドメイン分析
　（iii）インタラクション設計

＜設計と実装＞
　（vii）しっかりとしたテスト
　（viii）所有責任／共同責任
　（ix）高頻度の生産物統合
　（x）　短期の繰り返し開発

＜フィードバックプラクティス＞
　（iv）プリファクタリング／モデル駆動リファクタリング
　（xi）各リリース後にモデルとコードを同期化
　（xii）チームコミュニケーションの最適化

　この後者の分類では、＜要求分析＞と＜設計と実装＞が中心的なプラクティスになっている。そして、＜フィードバックプラクティス＞がこの2つの中心的プラクティス間にフィードバックかけて両者を連携させる。また、＜全体のまとめプラクティス＞が、プラクティス全体を総合的にまとめる。

　このように、Agile ICONIXでは、プラクティス全体が分かり易く構造化されている。

（6）XP側からのAgile ICONIXへの批判

　以上に述べてきたように、ICONIXはユースケースを系統的に変換してコードにつなげる。これにより曖昧性を上流工程で削減して効率を上げる。ウォーターフォール開発と比べて、ドキュメント数も少なく、

コンパクトな開発法になっている。Agile ICONIXでは、更にそれに
アジャイル技術を融合させている。

　Agile ICONIX側からは、XPに対して（3）に述べたような強烈な
批判を繰り返している。これに対するXP側からの反論はおおむね次
のようなものである。

　「アジャイルは、重い上流設計プロセス、多量なドキュメント作成に
対する反省から生まれた。ドキュメント作成でいくら頑張ってみても
曖昧性はなくせず、動くソフトウェアを顧客に見せることの方がはるか
に効果的だ。この意味で、Agile ICONIXは、アジャイル開発とは言
えない。」

6.3 SAFe（Scaled Agile Framework）

（1）SAFeとは

　SAFe（Scaled Agile Framework）とは、名前のとおり、小規模
システム開発向けとみなされているアジャイル開発技法を、大規模シ
ステム開発向けに拡張した技法である。SAFe開発・普及活動のリー
ダーであるDean Leffingwellは、一貫して大規模システム開発領域
で活動してきた。

　最初は、ソフトウェア会社RELA, Inc.のCEOとして、アプリケー
ション開発に従事した。その後、ソフトウェア要求管理のための製品
であるRequisiteProを開発するRequisite, Inc.の創立者、CEOと
して活動した。そして、1997年にこれをRational社に売却して、本人
もRational社に入社し、UML（Unified Modeling Language）、
RUP（Rational Unified Process）の普及に努めた。

　その後、Rationalを退社して、独立コンサルタントとして活動し、
その中でXP, スクラムなどのアジャイル開発技術を体験した。アジャ
イル開発技術に大きな魅力と可能性を感じながらも、これを大規模シ
ステム開発に適用することの限界を知った。以来、この限界を打ち破

ることに努力を続けて、今日のSAFeの姿に結実させた。

(2) スケールアップ可能なアジャイルプラクティス

Leffingwellは、各種のアジャイル開発プラクティスを研究して、大規模システムにもスケールアップが可能なプラクティス7件と大規模システムアジャイル化特別プラクティス7件を抽出した。以下では、前者の7件について解説する。後者の7件は、次の (3) で説明する。

大規模システムにもスケールアップが可能な7件のプラクティスは次のとおりである。

(i)　　定義/ビルド/テストコンポーネントチーム

(ii)　　2レベル計画作りと追跡

(iii)　反復型開発の習得

(iv)　頻繁な小規模リリース

(v)　　コンカレントテスティング

(vi)　継続的インテグレーション

(vii)　継続的な考察と適応

(i) 定義　/ビルド/テストコンポーネントチーム (DBTチーム)

伝統的なウォーターフォール開発においては、定義 (設計、コーディング)、ビルド (システム統合)、テスト　は、別々の専任部署で行われてきた。アジャイル開発では、開発対象コンポーネントを担当するチームがこれら3つの仕事のすべてを担当することにより、他の組織とは独立して担当コンポーネントを迅速に開発する。以下では、この最小単位の開発チームをDBT (Define, Build, Test) チームと呼ぶこととする。

DBTチームなくしてアジャイル開発は成り立たず、アジャイル開発の中核をなすものといえる。アジャイル開発を行なうに当たってはDBTチームを育成しなくてはならず、これは大規模システムのアジャ

イル開発においても同様の役割を果たす。大規模システム開発においては、小規模システム開発の場合よりもDBTチームの数を増やすことになる。

(ii) 2レベル計画作りと追跡

ウォーターフォール開発では最初に膨大な計画を作成するのに対して、アジャイル開発では粗い計画で開発を始めてしまう、との誤解がある。これは、大変な誤解である。アジャイル開発での計画は時間軸上に分散している。計画を段階的に作成していく。これは、2レベルの計画から構成される。

　・リリース計画
　・イテレーション計画（反復型開発計画）

アジャイル開発では、顧客との約束にもとづき、優先順位にしたがって分割開発を行ない、その結果を順次顧客にリリース（提供）していくが、これがリリース計画、である。そして、このリリースを実現するためのイテレーションと呼ばれる開発期間が固定された（例えば2週間）短期の開発を繰り返す。どのイテレーションでどのような開発を行ない次のリリースにつなげていくかの計画が、イテレーション計画である。

このようにアジャイル開発では2レベルの開発計画を作り、そのとおりに開発が進んでいるかを追跡していく。計画通りに進んでいなければ、ダイナミックに計画を変更・調整する。アジャイル開発の計画作りと追跡は、極めて厳密であり、詳細である。

(iii) 反復型開発の習得

DBTチームは、イテレーション計画に沿って反復型開発を行ない、その開発期間は、プロジェクトの性質によって1週間～3か月と様々である。「1週間は短すぎ、1か月は長すぎる」等、色々な意見があるが、2週間で行われている事例が多い。

反復型開発は、論理的な反復だけでなく、物理的、更には心理的な反復を伴う。周りの環境もこの反復に合うように調整していき、身体もこのリズムに同期してくる。反復期間がハートビートのようになってくれば、アジャイル開発も軌道に乗ってきた、といえる。

（iv）頻繁な小規模リリース

　アジャイル開発では、顧客との約束に基づき優先度順に開発を進め、こまめにリリースしていく。リリース間隔は、1～3か月とされることが多い。

　顧客に約束した機能が約束したリリース予定日に間に合わない場合にどうするのだろうか。リリース日を遅らせることはアジャイル開発の流儀と異なる。アジャイル開発では「時」が「機能」に優先する。リリース日は固定しておき、それに間に合う機能を提供していく方法の方が単純であり、アジャイル開発の安定的な運用に適している。

（v）コンカレントテスティング

　アジャイル開発では、開発とテストが並行して行われ、「開発が完了した」とは「テストが完了した」ことを意味する。テストはコードと並行して、場合にはコードに先行して作成される。

　そして、作成され、実行されたテストは、登録、保存される。コードに何らかの変更がされたとき、あるいは自分自身は変更されなくても関連するコードの変更の影響を受けた可能性があるとき、この登録されたテストを自動的に再実行する。これにより、デグレードしていないかどうかを自動的に検証できる。

　上記により、アジャイル開発では、プログラムコードが存在することは、それが正しく動くこと、いつでも生きていること、を保証する。

（vi）継続的インテグレーションCI（Continuous Integration）

　CIは、ソースコードの変更状況を監視し、もしも変更が検知されれば自動的にそのコードをコンパイルし、更には実行形式にビルドして、ビルドしたものが正しく動くかテストプログラムを自動的に起動して検証する。したがって、CIによりそのソフトウェアが常に動く状態に保つことができる。そしてこのための作業はツールにより自動化されているので、作業負荷が少なく、また信頼性が高い。特に大規模システムの開発においてはこれを手作業で行う工数は莫大であり、また誤りも混入しがちである。アジャイル開発においてCIを欠かすことはできない。

（vii）継続的な考察と適応

アジャイル開発では、多くの自由度が開発チームに与えられ、開発チームは、自律性を求められている。そして、そうであるがゆえに継続的に自己点検して、検出された課題に適応すべく改善を図っていかなくてはならない。このような点検は、各イテレーション、各リリースの終了時に行うことが望ましい。そして、そのための定性的、定量的な評価指標を予め定めておき、これらの指標に基づいて客観的な評価を行うことが求められている。

（3）大規模システムのアジャイル化のための特別プラクティス

前記（2）では、小規模システム開発でも大規模システム開発でも共通に必要なアジャイルプラクティスを解説した。以下では、大規模システムのアジャイル開発に特有な課題を解決するための次の7件のプラクティスについて解説する。

> (i)　　意図的なアーキテクチャ
>
> (ii)　　リーン要求開発のスケールアップ
>
> (iii)　システムオブシステムとアジャイルリリーストレインART
>
> (iv)　高度に分散したチームの管理
>
> (v)　　顧客とオペレーションへのインパクトの調整
>
> (vi)　組織を変化させる
>
> (vii)　ビジネスパフォーマンスを計測する

（i）意図的なアーキテクチャ

大規模システムのアジャイル開発においては、システムを構成する複数のコンポーネントを並行して開発しなければならない。したがって、これら複数のコンポーネント間あるいはこれらのコンポーネントが接続されるハブ、バスなどとのインターフェイスは標準化が徹底されて

いなくては、アジャイル並行開発が実現できない。

　したがって、大規模システムのアジャイル開発に当たってはそのような標準的なインターフェイスを可能とする「意図的なアーキテクチャ」が必要である。このようなアーキテクチャを頭の中だけで考えたのではだめで、実際に動かして見せなくてはならない。複数のコンポーネントが連動することを実際に見せなければならない。

　このような複数のコンポーネントの連動を可能とするアーキテクチャの開発は、1つのイテレーションの中で実現することはできない。複数のイテレーションを経由して、関連するコンポーネント間がうまく連動することを確認しながら、あるいはリファクタリングしながら開発していくことになる。こうした複数コンポーネント間が安定して連動することが確認できてはじめてこのアーキテクチャが出来上がったといえるわけである。このアーキテクチャが安定に動作するまでの期間あるいは複数イテレーションを「アーキテクチャ滑走路（Architectural Runway）」と呼ぶ。大規模システムのアジャイル開発においては、このアーキテクチャ滑走路の確保が必須であることを忘れてはならない。

（ii）リーン要求開発のスケールアップ（ビジョン、ロードマップ、ジャストインタイムの詳細化）

　大規模システム開発の要求仕様をどのようにしてアジャイル開発で取り扱っていくかとの課題である。ウォーターフォール開発では、大規模システム開発のための膨大な要求仕様ドキュメントと向き合ってきたが、アジャイル開発では、そのようなことは出来ないので工夫が必要である。

　Leffingwellは、大規模システムの要求仕様は次のような3階層に分けられるという。

- ・ユーザニーズ：ユーザニーズをまとめたもので、要約形式で10〜25項目のリストにまとめられる。問題領域の記述となる。
- ・ソリューションフィーチャ：ニーズに対するシステムとしてのソリューションを記述する。システムが提供するサービスを記述する。複雑なシステムであっても、25〜50項目のフィーチャリストで高い抽象化レベルで記述できる。

・ソフトウェア要求：実現すべきソフトウェアの振舞いを定義する
　もので、多様な表現方法がある。

　アジャイル開発においては複数のチームが並行して開発を進めるか
らチームの間で共通のビジョンを持たなくてはならず、その中には、上
記のユーザニーズが含まれる。また、ソリューションフィーチャのうち
でも複数チームに横断的な共通フィーチャが含まれる。例えば次のよ
うな要求仕様である。
・国際化の仕様
・GUI、ロゴ、そしてプレゼンテーションレイヤーのガイドライン
・外部出力とレポートフォーマットのスタイルと仕様
・共通のインストールと配布方法の仕様
・SDKとインターフェイス要求
・システムレベルの性能、スケーラビリティ、そして可用性の基準
　このような共通ビジョンとして規定されるものは、「開発構想書」の
ような形の小さなドキュメントで記述して、チーム間で共有すると良
い。
　次に、上記の共通フィーチャでなく、個別フィーチャをどう扱うかで
ある。ウォーターフォール開発では、すべての要求仕様を最後に実現
し、提供する。しかし、アジャイル開発ではこれらのフィーチャを複数
のリリースに分けて、時間軸上に分散して提供される。このリリース計
画はいわば開発のロードマップとなり、スクラムではこれがプロダクト
バックログの形式で表現される。
　最後に、各々のフィーチャを実現するソフトウェア要求をどのように
記述するかである。アジャイル開発では、各フィーチャを予め詳細化し
ておくことはしないで、開発を始めるその時に「ジャストインタイム」に
行う。このことによって最も新鮮な情報に基づく仕様定義が行なわれ
る。仕様の記述形式は、例えばユーザストーリーのようなアジャイル
開発形式を用いる。
　以上に述べてきたように、アジャイル開発では、たとえ大規模シス
テム開発であっても膨大なドキュメントの作成は行わない。このアジャ
イル式の最少のドキュメントによる「リーン要求開発」を適用していく。

（iii）システムオブシステムとアジャイルリリーストレインART

　大規模システムは複数のコンポーネントで構成され、各々のコンポーネント自身がシステムを構成しているから、大規模システム全体は、「システムオブシステム」と位置付けられる。

　大規模システムをアジャイル開発するに当たっては、これを構成する各コンポーネントをアジャイル開発することになる。各コンポーネントのアジャイル開発は各々のリリース計画に基づいて開発される。コンポーネント間のインターフェイスがある場合は、この各コンポーネント相互の各リリース間でこれらが確認されることになる。各コンポーネントのリリース計画が独立しているとすれば、リリース間の組合わせ数は膨大になる。したがってまた、いずれかのコンポーネントがリリース遅れを起こすと、その影響を修復するための調整は大変である。

　アジャイルリリーストレインART（Agile Release Train）とは、このような複雑さを回避するための仕組みである。ARTではすべてのコンポーネントのリリース日程を同一にする。したがって、リリース日程は予め定められており、個別に同期化の相談をする必要はない。ある機能のリリースを他のコンポーネントに対して約束していて、それが遅れた場合に、これを修復するための個別のリリースは存在しないので次回の全体リリースまで待たなくてはならない。それが嫌なら、このような他のコンポーネントと同期をとるような機能の開発の優先度を上げて、リリース日程に間に合わせるべく頑張るべきである。

　このように、ARTはシステムオブシステムのアジャイル開発におけるリリース間の同期の課題を単純化してくれる。現実問題として、ARTなしに大規模システムのアジャイル開発は実現できない。

（iv）高度に分散したチームの管理

　アジャイル開発では、チームは同じ場所においてフェースツフェースで作業をすることが基本である。1つのコンポーネントの開発を1つのチームで行うのであれば、この基本に従うことができるが、大規模システム開発で、複数のチームで複数のコンポーネントを並行開発する場合には事情が大きく異なってくる。全員を1つの部屋に収容できなくなるし、場合によっては複数の離れたオフィスで作業をしなくては

ならない。オフショア開発により海外のチームと共同作業しなければ
ならない場合もある。急激な所要人員を確保するためにアウトソース
チームと共に働かなくてはならないことも出てくる。このように、大規
模システム開発においては分散開発が当たり前になるので、このよう
な状況下でアジャイル開発を行なうための仕組みを作り上げる必要が
ある。

　まず、一番に大切なことはマスターサイトと分散サイトとの間のイン
ターフェイスの責任者を決めることである。同じ場所にいないのだか
ら、この人にいえば必ず相手に伝わり、すぐにレスポンスが返ってくる、
という信頼できる関係を築く必要がある。この責任を間違いなく果
たせる人物の確保は容易ではないが、それなりの人物を配置しないと
分散アジャイル開発がうまくいかない。これを補完する仕組みとして、
「定期訪問」が活用できる。マスターサイト、分散サイトのキイパーソ
ンが、定期的に相手のサイトを訪問して、ミーティングをしながら相互
の連帯感を作り上げていく。

　また、マスターサイトと分散サイト間のコミュニケーションの仕組み
を工夫して充実させていく必要がある。例えば次のような道具を活用
していく。
- ・インスタントメッセージ
- ・Eメール
- ・カンファレンスルーム（スピーカーフォン、ホワイトボード付き）

　そしてまた、インターネットベースの各種の自動化ツールを活用して
いくことも欠かせない。例えば、Jenkins等のCIツールを活用すれ
ば、いちいち問い合わせをしなくてもリアルタイムで次のような情報を
共有できる。
- ・誰がどのソースコードを何時、どのように変更したか
- ・そのソースがコンパイルされ、ビルドされ、どの実行形式ファイ
ルになっているか
- ・この実行形式ファイルはテストされたか、そしてテスト結果は
OKであったか
- ・結果として、誰がどれだけのユースケースを開発したか

(v) 顧客とオペレーションへのインパクトの調整

アジャイル開発は顧客に多くの恩恵をもたらす。新製品や新サービスを素早く提供し、ビジネスにおける競争相手に優位になる、システムの開発費用が削減できる等々、アジャイル開発による利点は多い。しかしながら、アジャイル開発を喜ばない人たちもいる。高頻度のリリースによる変更にはついていけない、疲れる。これらの変更により、かえって経費が増える、新しい機能を使いこなすには新たに若手の人を採用しなければならない、等々の声が聞こえてくる。アジャイル開発は、ITによる企業革新を加速するものであるということを忘れてはならない。

アジャイル開発により、高頻度のリリースが可能になるが、すべてのリリースをそのまますべての顧客にリリースするのが適切かは良く考える必要がある。ある種のリリースは、特定顧客に限定してリリースし、その利用経験をフィードバックした後に一般リリースした方が良いかもしれない。また、ある種のリリースは、内部リリースとして、内部でのテスト利用、訓練を積み重ねるために利用するのが妥当である場合もある。

(vi) 組織を変化させる

これまでに見てきたように、アジャイル開発はウォーターフォール開発の延長線上にはなくて、文化的にも技術的にも「飛躍」が求められる。そして、チームで開発する作業であるから個人によるボトムアップでは進められない。ましてや、大規模システムのアジャイル開発となると企業のトップレベルの決断を要する。

まずは、トップが決断しなくてはならないから、そのためにどのようにトップを説得するか、との課題がある。また、トップが決断したとしても、単に「アジャイル開発を進めよ」だけではことは始まらない。アジャイル開発のための人材を段階的に育てなければならない。また、パイロットプロジェクト等を通して経験を段階的に積み重ねていかなくてはならない。大規模システムのアジャイル開発を始めるということは、それだけの大仕事であるといえる。

（vii）ビジネスパフォーマンスを計測する

　大規模システムのアジャイル開発を進めるに当たっては、そのビジネスパフォーマンスを計測しながら、必要な改善を加えていく必要がある。計測は、バランススコアカード等を用いて行う。その具体的な例を [24] では説明している。

（4）SAFeによる大規模システムのアジャイル開発

（i）アジャイル要求の階層構造

　SAFeでは、アジャイル要求（Agile Software Requirements）の階層構造を次のように捉えている。

・ポートフォリオレベル
・プログラムレベル
・チームレベル

　上記のチームレベルのアジャイル要求とは、1つのチームで開発するレベルの量のソフトウェア開発要求である。このレベルの要求に対する対応方法については、本書でXP, スクラムの紹介をはじめとして繰り返し述べてきた。

　次のプログラムレベルのアジャイル要求は複数のフィーチャを複数のチームで開発することで達成できる。前項（3）で述べた「リーン要求開発のスケールアップ（ビジョン、ロードマップ、ジャストインタイムの詳細化）」、「アジャイルリリーストレイン（Agile Release Train: ART）」等の施策を使って、拡大されたシステム規模に対応する。

　最後にポートフォリオレベルのアジャイル要求が最上位に位置する。複数のITシステムを連携させ、企業ポートフォリオレベルの戦略を実現すべく、諸施策をアジャイルに実行する。このための戦略目標がエピック(Epic)と呼ばれる最上位の目標となる。エピックは、ポートフォリオを実現するためのビジネスエピックとこれを支える技術上の目標であるアーキテクチャエピックに分類される。これらについて、以下に説明する。

（ii）アーキテクチャエピックの開発

　優れたポートフォリオは、企業のしっかりしたアーキテクチャの土台の上にのみ構築できる。アーキテクチャがしっかりとしていなければ、各種の施策がばらばらになり優れた連携ができない。このようなしっかりしたアーキテクチャは一朝一夕で確立することはできず、アジャイル開発の複数のリリースを介して調整しながら開発していく必要があり、「アーキテクチャ滑走路（Architectural Runway）」が必要となる。システムの規模が大きければ大きいほど、アーキテクチャ滑走路は長くとる必要がある。

　このようなエンタープライズ級のアジャイルアーキテクチャを開発するためには次のような原則が必要である。

---

① システムのコーディングをするチームがシステムの設計もしなければならない。

② 正しく動作する中で最もシンプルなアーキテクチャを構築する。

③ 疑わしいときは、コードを書くかモデルを作成して確認する。

④ 構築したらテストする。

⑤ システムが大きいほど滑走路は長くとる。

⑥ システムアーキテクチャは役割間の協調から生まれる。

⑦ イノベーションに独占はない。

⑧ アーキテクチャフローを実装する。

---

　①は、このシステムのことを本当にわかっている人たちが設計を担当すべきで、外部からの第3者では優れた設計は出来ない、といっている。

　②のシンプルさを大切にする原則はアーキテクチャ開発においても変わりがない。

　③、④は、アジャイル開発の精神そのものに基づくもので、なんでもしっかりと確認しながら、動作することを確認しながら進めていこう、ということである。あまりにも大きすぎてコードが簡単に書けない場合に限り、モデリングを行って確かめる。

⑤にあるように、システムが大きいほど連携する要素数は多くなり複雑になるから、滑走路を長く（アーキテクチャの正しさを確認するためのリリースの数を多く）する必要がある。

⑥では、アーキテクチャは、アーキテクトが単独で作り出すものではなく、システム開発にかかわるすべての役割の人々の協調のもとで生まれる、といっている。したがって、

⑦にあるようにアーキテクチャを軸としたイノベーションは、誰かがそれに対する貢献を独占するような性質のものではない。

⑧にあるように、アーキテクチャ開発はしっかりとした開発計画に沿って一歩一歩着実に進めるものである。アーキテクチャ滑走路を一度で作り上げるのではなく、継続的に拡張していく、ということになる。拡張はすべてが順調にいくわけではなく、一部にやり直しが入ることも覚悟しておかなくてはならない。

(iii) ビジネスエピックの開発

ポートフォリオ管理業務により、企業の財務やプロダクト開発の健全性にとって重要な次の作業が制御される。

- 投資財源：会社の希少なR&D要員を様々なプロダクトやサービスにどう割り当てるかを決定する。
- 変化の管理：現実の状況は時間と共に変化するため、企業は新しい計画、予算、期待に反応しなければならない。
- ガバナンスと監視：プログラムが順調に進んでいて、該当する社内規則、指針、関連標準に沿っていることを保証する。

これらをアジャイルに推進することが求められているが、ともすると旧来の悪習に流されがちである。例えば、次のような悪弊が日常的に存在する。

- 小手先エンジニアリング：すべてにおいて「計画を立てて計画通りに構築する」という考え方。すべてが単純な繰り返し作業からできていて、簡単に制御できると考えている。
- 御用聞き気質：「いわれたとおりに構築しろ」ということで、指示した方はすべてを知っていて、間違いがない、との信念でことを進める。

- 目いっぱい稼働：すべての要員が100%稼働しなければならない、それがもっとも効率的だ、との考え方にこだわる。
- マイルストーンによる制御：マイルストーンとそこへのデータの提供を要求して、これによりプロジェクトを管理出来るとの考え方にこだわる。
- 丸1年分のプロジェクトを計画できる：過去の失敗の真の原因を無視して、計画が正しければうまくいくはずだと信じている。
- とにかくやれ：頑張りさえすればことは達成できる、大変だからこそ君が必要だ、とのセリフ。合理的な思考は放棄している。

このような弊害を排して、アジャイルなポートフォリオ管理へ移行するために、Leffingwellは次の提案をしている。

- 「多すぎるプロジェクト」から仕掛作業の制御へ
複数のプロジェクトの間を蝶のように飛び回る、非常に頑張っているように見えるが、プロジェクトの切り替え時間他で多大なロスをしている。アジャイル開発の考え方に従えば、「1つひとつのプロジェクトに専念させて、それを完了させて次を始める」ほうが、成果を速く活用できて、効率がよい。
- 詳細なビジネス/プロジェクト計画から軽量なビジネス企画へ
本書で繰り返してきたドキュメントに関する議論と同様で、はじめに詳細な分厚い計画書を作っても役に立たない。軽量な企画書で始めて、進むにつれて動的に計画を補強、具体化していく方がよい。
- WBS (Work Breakdown Structure) からアジャイルな見積もり/計画へ
初めからWBSで詳細な計画や見積もりを作成しても、まずは不正確で実態は大幅にずれていく。軽量なスタートをして、アジャイルな方法を取るべきである。本節 (3)（ii）に述べた「リーン要求開発のスケールアップ（ビジョン、ロードマップ、ジャストインタイムの詳細化)」の方法が利用できる。
- 年間予算から段階的な財源投入へ
年間で予算したがって人員が拘束されているのは大きな無駄である。早く完成したもの、見込みのないものは、早期に完了さ

せ、あるいは打ち切って、他の重要なプロジェクトに財源、人員
を移動させる方が効率的である。

・「プロジェクト」から内容の継続的な納入へ
「プロジェクト」という基本構成概念自体をなくそう、との提案
である。プロジェクトという単位でパッケージ化され、固定化・
不変化されていることが問題の元凶である。「プロジェクトなし
で内容を継続的に納品する」という考え方に移行する必要があ
る。

・PMBOKからアジャイルプロジェクト管理へ
上記の考え方に従えば、PMBOK (Project Management
Body of Knowledge) をベースとしてきたプロジェクト管理者
の仕事がなくなる。Leffingwellはプロジェクト管理者を「アジャ
イルプロジェクト管理者」に再教育して、新しい目的と任務を与
えることを提案している。

・マイルストーンから事実に基づいたガバナンスへ
ウォーターフォール開発における「要求の承認」、「設計の完了」、
「テスト計画の完成」というようなマイルストーンはアジャイル開
発においては意味を持たない。アジャイル開発においては、「ど
のユーザストーリーが完了したか」などの事実だけが意味を持
つ。

・一元的な年間計画から分散したローリングウェーブ計画へ
ウォーターフォール開発では、計画はともするとプロジェクト管
理者から押し付けられる。アジャイル開発では、顧客とチーム
の連携によりリリース計画が作られる。そして、この計画はリ
リースが進むにつれて見直され、段階的に詳細化される。

リリース計画は、当初は各チームが独立にそれぞれの計画を作る。
しかし、より進んだ段階では、チーム同士が連携してART (Agile
Release Train) 計画にまとめて、システム全体として相互同期の取
れた計画に纏めていく。

第7章
アジャイル開発の事例

　これまで紹介したアジャイル開発について、事例を通じて、アジャイル開発の特徴の実践を説明していこう。

7.1 アジャイル開発事例の説明方法

（1）アジャイル開発事例の選定

（i）事例1：新しいサービスの共創

　アジャイル開発は誰も正答を知らない「動く」ソフトウェア開発に有効である。利用者が気づいていない価値を新たに提供するための事例からアジャイル開発の適用ノウハウを学ぶ。

　事例として、多様性を持つ開発チームによりプロ野球球団向けに提供した「野球映像検索ソリューション」の新規開発を選定する。

（ii）事例2：新しい業務への挑戦

　現在、ITシステムを適用しない業務は少ない、このため、既に存在するITシステムを変革した事例からアジャイル開発の適用ノウハウを学ぶ。

　事例として、業務スキルを活用して年間20万人が利用する窓口をワンストップ化した「総合窓口システム」を選定する。

（iii）事例3：請負開発でのアジャイル開発の導入

　アジャイル宣言は多くのソフトウェア技術者から支持されているため、開発者がアジャイル開発を主導する「草の根」モデルがある。開

発者がアジャイル開発を主導する適用ノウハウを学ぶ。事例として、独立系ソフトウェア会社にて開発スキルを活用したアジャイル開発を提案して、導入した事例を選定する。

(iv) 事例4：米国におけるハイブリッドアジャイルの採用

ウォーターフォール開発の中にアジャイル開発を取り入れることにより既存のノウハウを活かしながら、より早い時期に利用者からのフィードバックを取り入れることができる。

事例として、米国におけるウォーターフォール開発とアジャイル開発を共存されたハイブリッドアジャイル事例をし選定する。

(v) 事例5：変化に対応する新商品開発

スクラムは日本の実践ノウハウを触媒としている。(図4.2参照) 開発スピードを重視して、独自に発展して事例と、アジャイル開発の類似点について考察してみよう。

事例として、アイリスオーヤマの商品開発を紹介する。アイリスオーヤマは、リーズナブルな商品をタイムリーに市場に投入している。80年代から継続してチーム一丸となって新商品を開発している。

(2) 紹介形式

事例は、概要の説明および、質問と回答の2つの視点で紹介する。

(i) 概要説明

事例の概要を5W1H (Why：目的[価値]、What：提供サービス、When：時期＝開発期間[リリース時期]、Who：体制、Where：環境[サービス提供環境、開発環境]、How：方法[開発推進方法])について説明する。

(ii) アジャイル開発の特徴に関する説明

アジャイル開発の9つの特徴(「3.2 アジャイル開発の特徴」を参照) に基づく質問への回答形式で事例の特徴を説明する。

表 7.1 特徴毎の質問

	アジャイル開発の特徴	質問
1	重要度の高い機能から優先的に開発する	どのようにビジネス価値に基づき優先順位を設定したか？
2	短期繰返し開発、動くソフトウェアで顧客と確認	動くソフトウェアによる顧客との協調、体験の共有をどのように推進したか？
3	反復型開発期間＝タイムボックス（開発期間を固定化）	開発メンバーの心身のリズムを「タイムボックス」に同期させるためにどのように進めたか？
4	反復型開発期間を固定するが開発項目を固定しない。	フィードバックやビジネス環境変化の影響から、どのように開発項目を設定したか？
		「やってみなければ分からない」ことをどのように早く挑戦したか？
5	開発対象の機能分割	どのように厳しく綿密に計画したか？
6	顧客、チームメンバー間の直接対話	どのように定期的な打合せを運営したか？
		開発期間開始時の計画と終了時のレビューをどのように運営したか？
7	全ての作業をチケット管理する	どのように全ての作業をチケットで管理したか？
8	自動化ツールの高度利用作成を最小限にする	どのような自動化ツールを選択したか？
		開発環境をどのように整備したか？
9	ドキュメントの作成を最小限にする	どのようなドキュメントを作成したか？
		ドキュメントの代替手段としてどのようなことをしたか
-	-	プロジェクトを通じた変化は何か？

表 7.2 アジャイル開発の特徴と事例での実践

特徴	事例1	事例2	事例3	事例4	事例5
1	チームで議論	機能、業務の両面から設定	顧客と価値を掘り起こす	基盤となる機能を優先	注力事業を優先
2	称賛をフィードバック	利用者との協調	体感と連動させた	領域毎の利用者代表が参加	試作品で確認
3	2週間＋スプリント0	2週間（初回のみ4週間）	2週間	3週間	1週間（35年間継続）
4	P.Oの一貫した優先付け	10イテレーションまでに基本機能	試使用スプリントを活用	20％を可変とした	フィードバックに対応
5	リーダーの自律的分割	業務と処理・操作で分割	チーム全員での計画	全員での計画立案	伴走方式で対応
6	5つのステータスで管理	プロセスとツールを連動	タスクボード＋バーンアップチャート	PMOが管理	チームで管理
7	定期的ミーティングの実施	検証イテレーションを設定	試使用結果のフィードバック	非公式に利用者代表と会話	プレゼン会議で社長確認
8	Atlassianの適用	Git, Jenkins, Redmine 等	Redmine, TestLink 等	バーンダウンチャート	TV会議を活用
9	AtlassianのWikiを活用	運用・保守フェーズを分離	受託契約に従う	ウォーターホール開発規約を準拠	1枚のみ

7.2 新しいサービスの共創

専門の機能を横断したチームにより、新たなサービスを共創した事例を紹介する。

(1) 事例概要：事例の5W1Hを示す

表7.3 事例1：事例概要

目的	新技術を適用した新たな価値でビジネスを創成する
サービス	プロ野球球団向けの野球映像検索ソリューション
時期	2015年4月プロジェクト開始、2016年5月サービス提供
体制	20名／6社（デザイン、技術、マネジメントの各専門家）、3チーム
開発環境	CI環境＠渋谷シェア・オフィス
推進方法	2週間のスプリントを推進、一部の遠隔メンバーと協働

(i) 目的

富士通株式会社（以下、富士通）は、映像検索技術を開発した。この技術を活用し、新たなデジタルビジネスを創成することに取り組んだ。

(ii) 提供サービス

① サービス

富士通は、プロ野球球団の選手とコーチ向けに野球映像を検索できる「野球映像検索ソリューション」を2016年5月から提供している。

図7.1 野球映像検索ソリューション概要

② 選手向け野球映像シーン分析

1球／1打席検索により、打席結果（ホームラン、三振など）や球種（ストレート、カーブなど）、コース（内角、高目など）などを条件に検索して、ビデオによるコーチングに利用する。

③ 野球分析サービス

個人毎の成績ダッシュボードにより、コース別、打球別の成績を分析することが可能となり、成績情報から映像を検索して詳細な分析を行える。

④ チームコミュニケーション

映像シーンをベースとして、1打席、1球毎のスコアラー、コーチと選手のコメントにより、バーチャルなコミュニケーションを行う基盤とできる。

(iii) システム構成

本サービスは、クラウド上の野球サービスプラットホームに構築した。

サービスを実現するソフトウェア構成を以下に示す。

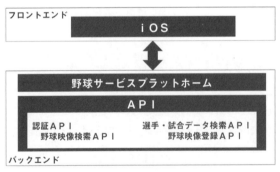

図7.2 野球映像検索ソリューションソフトウェア構成

(iv) 体制

様々な専門分野からメンバーを集結させた。プロダクト・オーナーは、各球団との接点である富士通の小口淳が、スクラムマスタは、マネジメント分野の専門家である、株式会社富士通ソフトウェアテクノロジーズ阪口学が務めることとした。デザイン、技術、マネジメントか

ら多様性に対応する体制を構築した。

図7.3 野球映像検索ソリューション体制の分野

（v）開発環境

①開発場所

　開発場所は、渋谷のコワーキングスペースを用意した。区切りのないテーブルで、リラックスしつつも、集中して開発できる。服装もカジュアルであり、ネクタイをする人はいない。壁やホワイトボードには、手書きのメモや模造紙が貼り出せる。

図7.4 開発場所

②開発環境

　モジュールビルドからリリースまでクラウドサービスを利用して、CI環境を構築した。

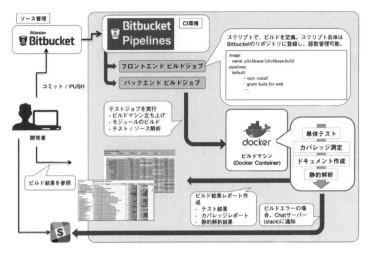

図7.5 CI環境での自動テスト

（vi）推進方法

2週間のスプリントを推進した。一部の遠隔メンバーと協働した。

次の2週間の開発作業にて、全員が同一場所（渋谷）に集まり、計画した。遠隔メンバーも渋谷で行うスプリントレビューとスプリント計画に参加した。

チームメンバー全員が、要件（プロダクトバックログ）を理解し、次の開発に向けて共通の目標が持てるように推進した。

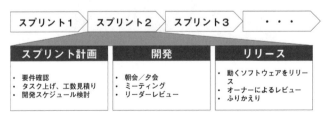

図7.6 スプリントの推進方法

（2）アジャイル開発の特徴に関する説明

本事例の中で9つのアジャイル開発の特徴ついて説明しよう。

（i）重要度の高い機能から優先的に開発する

質問： どのようにビジネス価値に基づき優先順位を設定したか？

回答： 利用者からの要望やヒアリングから利用者の声を背景を理解した。それだけでなく、プロダクトの魂を大切にしてビジネス価値を高めることを基準として優先順位を設定した。

ビジネス価値を高める要素は、開発チームの外からと内からの両面から発生する。

外からの要素は、利用者の声である。しかし、単純に目の前に提示された要望を順番に取り込んでもビジネス価値に繋がらない。利用し難くなり、価値が下がることもある。まず、要望を個別の内容と共通性のある内容に分割する。次に、共通性のある要望に優先順位をつける。

内からの要素は、開発チームの工夫とアイディアの日々の積み重ねから生まれる。よく考えていると、今までにないアイディアが浮かんでくる。

内からの要素は、プロダクトのポテンシャルを高め、プロダクトの魂を確立していく。一方、外からの要素は、実用性を高めることに有効であり、プロダクトを強くしていく。外からと内からの双方の要素に利用者の価値を基準として優先順位を設定していく。

（ii）短期繰返し開発、動くソフトウェアで顧客と確認

質問： 動くソフトウェアによる顧客との協調、体験の共有をどのように推進したか？

回答： 2つの観点から回答する。
- ・利用者との協調
- ・動くソフトウェアの実現

① 利用者との協調

　今回の利用者はプロ野球の選手とスタッフである。スプリントレビューに参加して定期的に動くソフトウェアに対するフィードバックすることは困難である。プロダクト・オーナーは個別に利用者をアクセスして新しい機能の提案やフィードバックを得た。利用者からの要望や称賛を生の声としてチーム全体で共有した。「○○選手が使っているよ」、「この機能欲しかった」といった利用者の称賛の声はチームにやる気を与えた。利用者が何を求めているかがより明確になった。プロダクト・オーナーは、利用者に課題も適切に伝え、現状の成果物に対する認識を合わせた。

　一方、スプリントレビューでは、デザイン、技術、マネジメントの3方面から集結したメンバーが、様々な視点で相互にフィードバックを行った。フィードバックには、指摘だけでなく、「すごいですね。」、「いいですね。」などの称賛も含まれる。フラットに認め合う。フィードバックに理不尽がないので、言われた人が、腹落ちする。

図7.7 フィードバックの流れ

② 動くソフトウェアの実現

　動くソフトウェアは、品質レベルを確保することが必要となる。

　短いサイクルで完了後、すぐに品質を確認することにより、品質レベルを確保する。

　タスク完了時に、メンバー間のクロスチェックを行い、その後、リーダーチェックを行った。これは、ウォーターフォール開発で培ったノウハウをそのまま、アジャイル開発で適用している。タスクは3時間程度で完了するため、1日数回のチェックを行うことになるため、大変そうに思える。担当は、「確かにオーバーヘッドの面では少し大変です。しかしウォーターフォール開発では1週間分を溜めて、一度にチェックをしていました。アジャイル開発では、その1週間分のチェックを3時

間毎に分散させているだけですから、作業量は同じです。一方、作成後すぐにチェックして指摘を受けるため、指摘の理解や修正は、アジャイル開発の方が楽です。」という。同じ場所で全員が活動しているので、待ちも気にならない。

リリーススプリントでは、これまでのスプリント全体に対するシステムテストを実施し、承認を得て、リリースする。

(iii) 反復型開発期間＝タイムボックス（開発期間を固定化）

> **質問：** 開発メンバーの心身のリズムを「タイムボックス」に同期させるためにどのように進めたか？

> **回答：** 2週間の「タイムボックス」を固定化し、4人の経験者が伝道師としてスクラムをベースとして推進した。ただし、最初の1か月をスプリント0と称して設定した。まず、3日間、合宿して、ホワイトボードが有効アーキテクチャやOSSの適用を話しあった。スプリント0を通じて、開発環境が構築された。この時に、多くの課題が発生し、その課題を議論しながら、チームで解決していった。このプロセスが次からのスプリントを固定化させていくために非常に有効であった。スプリント0での「素早い失敗」とそこからの学習により、チームが成長していった。

(iv) 反復型開発期間を固定するが開発項目を固定しない。

> **質問：** フィードバックやビジネス環境変化の影響に対して、どのように開発項目を設定したか？

> **回答：** フィードバックを最終的に、プロダクト・オーナー1人で決めることで、一貫性を維持できた。多様な視点でのフィードバックと一貫した優先順位付けにより提供したサービスは、利用者の期待を大きく上回った。

ある球団関係者は、「私の期待の3倍良いサービスです。」と評価した。プロダクト・オーナーは、従来のアプローチと比較した。「もし、最初に提示された機能を作るアプローチであれば、いくら多様な専門家を合わせたとしても、期待を少し上回るレベルであったろう。数字でいえば、1.2倍が限界であったろう。3倍という数字は、期待とは異

次元のものができたことを表している。実際、チームが自分たちで考えて、動くソフトウェアを相互にフィードバックすることで、自分達も想像していなかったレベルのサービスが提供できた。」

■ **質問:「やってみなければ分からない」ことをどのように早く挑戦したか？**

回答: 検証のためのスパイクをタスクとして設定し、実施した。80%の検証が技術的な課題に対するものであった。

(v) 開発対象の機能分割

■ **質問: 厳しい綿密な計画をどのように作成したか？**

回答: チームは、フロントエンド、バックエンドの2チームに分割している。
プロダクトバックログをチームの特性で振り分け、プロダクトバックログをタスクに分割していく。タスクはチケットとしてタスク管理する。

　チーム間での連携はチームのリーダー間で行う。チームは自己組織的というが、リーダーを設定した。リーダーは、要件に対してものづくりとしてのビジョンとその判断基準を持つ。リーダーがいることで、チームが安定する。メンバーはリーダーに頼ることなく、自律していた。自分の判断基準とリーダーのビジョンと判断基準を整合することにより、チームとして安定した。

(vi) 顧客、チームメンバー間の直接対話

■ **質問: どのように定期的な打合せを運営したか？**

回答: スプリント毎に、スプリント計画ミーティングとスプリントレビューとしてのリリースミーティングを定期的に実施した。
日々、朝会、夕会を実施した。（図7.6 スプリントの推進方法　参照）

■ **質問: 開発期間開始時の計画と終了時のレビューをどのように運営したか？**

回答: スプリント計画ミーティングとリリースミーティングには、遠

隔メンバーを含め全員が参加し、要件とフィードバックを理解した。

(vii) 全ての作業をチケット管理する

■ **質問：** どのように全ての作業をチケットで管理したか？

回答： 全てのタスクに対してチケットを発行し、チケットのステータスを管理した。

チケットステータス

作業前	新規にチケットが作成された状態
進行中	チケットの作業に着手した状態
第三者確認	チケットの作業が完了し、第三者によるレビュー待ちの状態
リーダー確認	リーダーによる作業内容のレビュー待ちの状態
完了	チケットの作業が全て完了した状態

図7.8 チケット管理の流れ

(viii) 自動化ツールの高度利用作成を最小限にする

■ **質問：** どのような自動化ツールを選択したか？

回答： 開発支援ツールとしてアトラシアンを利用した。

クラウドサービス契約によりセットアップ時間はゼロであった。

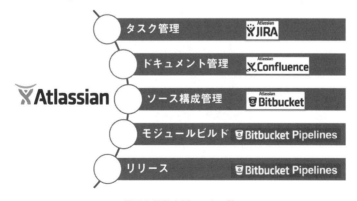

図7.9 開発支援ツール一覧

■ **質問：開発環境をどのように整備したか？**

回答：個々の自動化ツールを連携させ、効率的な開発環境を整備した。

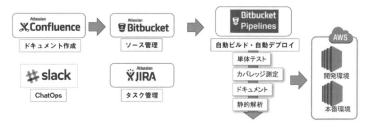

図7.10 自動化ツールの連携

　同時に、アナログツールを活用した。アナログツールを使う意図は、常に情報が目に飛び込んで来る環境にすることである。電子ファイルでデータを管理していても、クリックしなければ、その情報を見ることはできない。進捗が遅れている時にはクリックを避けてしまう傾向がある。見ない人を焦点として、情報が人を動かすことが見える化の実践である。

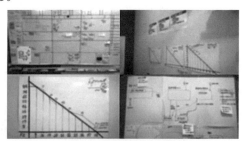

図7.11 開発のアナログ環境

(ix) ドキュメントの作成を最小限にする

■ **質問：どのようなドキュメントを作成したか？**

回答：必要最小限の以下のドキュメントを作成した。

① メンバー間の情報共有のための資料
　例えば、APIインターフェース仕様書やテーブル仕様書である。
（無いと開発し難い）

② アーキテクチャの説明資料

アプリ開発の指針やプロジェクトの構造などの資料を作成して、開発者で共有した。

③ テスト項目、テスト結果

画面のテストが手動実施となるため、テスト内容とその結果を記録した。

④ スプリントレビュー、計画などのアジェンダと議事録

記録として残すため、文書化した。

なお、テーブル設計書を除いた資料はアトラシアンのConfluence (Wiki) を適用した。

■ **質問：ドキュメントの代替としてどのようなことをしたか**
| **回答：** 詳細設計書のかわりに、ソースコメントを書いた。

（x）人と組織が成長する

■ **質問：プロジェクトを通じて変化したことはあるか？**
回答： 自ら動くようになった。フィードバックが有効である。生の声がモチベーションを向上させる。

7.3 新しい業務への挑戦

豊島区役所は、2015年5月7日に新庁舎に移転した。新庁舎の5つのポイントの1つとして、土日開庁、345日開かれた庁舎で、最高レベルの窓口サービスを実現した。引っ越し等の手続きの際、複数の手続きを、可能なかぎり1つの窓口で、一括して取り扱うことで、待ち時間を短縮した。[57]

図7.12 総合受付ロビー（イメージ）（[57]から引用）

（1）事例概要

事例の5W1Hを示す。

表7.4 事例2：事例概要

目的	区民をできるだけ庁舎内を歩かずに効率的に用件を済ませる窓口の提供
サービス	複数の手続きを短時間で効率よく済ませられるサービス
時期	2013年2月プロジェクト開始、2014年2月サービス提供
体制	利用者：20名（豊島区役所） 開発チーム：6名／1チーム（富士通株式会社）
開発環境	富士通開発センター
推進方法	2週間のイテレーション×24回（1年間） 初回のイテレーション完了時から「動くソフトウェア」を提供

（i）目的

　豊島区役所本庁舎への来庁者のうち4分の3の方々が、公的手続きまたは相談ごとであり、窓口を利用する。[59]

　豊島区役所は、2009年に、2015年に竣工する新庁舎整備基本計画を策定した。この計画の基本方針の区民サービス向上のトップに、窓口機能が充実した新庁舎と制定した。ここに制定された、「ワンフロアを広く確保し、区民利用が多い申請や相談業務を集約するとともに、ITを積極的に活用し、区民ができるだけ庁舎内を歩かずに効率的に用件を済ますことができる便利な窓口を実現する。」がプロジェクトの目的である。[60]

　新庁舎移転後のアンケートでは、窓口サービスが十分だと思う回答

が57％と、前回の2倍以上となった。不十分だと思うは、7％で、前回の3分の1以下となった。総合窓口サービスが来庁者に価値を提供したといえる。[59]

（ii） サービス

従来の窓口業務は、区民が必要な窓口で手続きをする必要がある。例えば、引越しの場合、区民課、国保課、子育て支援課、高齢者医療年金課の4つの窓口を来訪して受付を行う必要がある。[58]

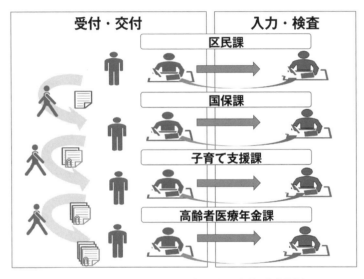

図7.13 従来の窓口受付の流れ（［58］より抜粋、著者編集）

1か所の総合窓口で受け付けをすべて行い、来庁者は短時間、ロビーで待てばよいサービスを実現した。[58]

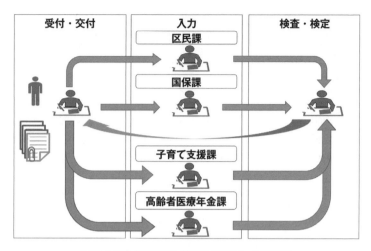

図7.14 総合窓口の流れ（[58]より抜粋、筆者加筆）

（iii）時期

2013年2月からプロジェクトを開始し、2週間のイテレーションを24回行い、2014年2月にサービス提供した。その後、旧庁舎での仮運用を経て、2015年5月新庁舎移転時に、新庁舎でのサービスを開始した。

（iv）体制

開発チームは業務スキルを持つ6名のチームとした。

新庁舎を推進するリーダーがプロダクトオーナーとして利用者を代表して判断し、スクラムマスターはXPスキルを持つ富士通の高橋宝春が開発チームのリーダーを務めた。

（v）開発環境

従来開発では、手動テストを採用してきた。既存の開発を細切れにしただけのアジャイル開発"風"では、変更時に発生する回帰テストに人手が掛かり過ぎてしまう。変更を抑制して、サービスレベルを低下させてしまうか、変更を受け入れて、コスト、納期をオーバーさせてしまうかのいずれかになってしまう。そこで、継続的インティグレーション（CI）を採用することとした。CIは、継続的に（いつでも、1日に何

度でも)、インテグレーション (ビルド/テスト/デプロイ) する。CIにより、素早い失敗を発見できるため、コスト、納期のオーバーを恐れず、サービス価値の実現に集中できる環境を構築した。

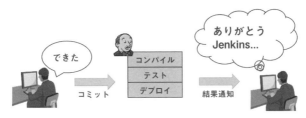

図7.15 CIの適用例

(vi) 推進方法

　イテレーションは2週間を全24回 (1年間) 実施する。初回のイテレーションから「動くソフトウェア」を提供する。

　評価する利用者は、業務により変わる。該当利用者は現業業務を持っている。定期的なイテレーションレビューだけで評価することは困難であった。このため、開発チームが開発したイテレーションのレビューから、次のイテレーションまで利用者に開放することとした。この間に、利用者は自席で操作して評価し、次のイテレーションのレビュー時にフィードバックした。利用者からの評価は優先順位をつけてプロダクトバックログに通常より1イテレーション遅れて追加した。

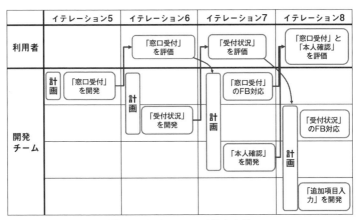

図7.16 イテレーションの流れの例

（2）アジャイル開発の特徴に関する説明

（i）重要度の高い機能から優先的に開発する

質問： どのようにビジネス価値に基づき優先順位を設定したか？

回答： 機能、業務の両面から優先順位を設定した。

① 機能

全24のイテレーションの最初の10回を基本機能に割り当てた。

- ・窓口受付
- ・受付状況
- ・本人確認
- ・追加項目入力
- ・備考入力
- ・ユーザー管理

② 業務

業務4パターンと410業務について優先順位を付けて、機能に割り当てた。

（ii）短期間での繰返し開発、動くソフトウェアで顧客と確認

質問： 動くソフトウェアによる顧客との協調、体験の共有をどのように推進したか？

回答： 2つの観点から回答する。
- ・利用者との協調
- ・動くソフトウェアの実現

① 職員との協調

利用者に2週間のイテレーション間に自席で評価するように依頼した。新庁舎に向けて業務の見直しから参加したメンバーは、「動くソフトウェア」に対して積極的に評価した。プロダクト・オーナーが集計し、優先順位を協議して決定した。

② 動くソフトウェアの実現

業務自体が多様であるため、変更に対応できるように、CI 環境を整備した。CI 環境により、以下を実現した。

- テスト記録の完全性と透明性の維持
- 正しい資産一式がいつでも入手可能
- アプリ障害への指摘0件

(iii) 反復型開発期間＝タイムボックス（開発期間を固定化）

質問：開発メンバーの心身のリズムを「タイムボックス」に同期させるためにどのように進めたか？

回答：「タイムボックス」を2週間と固定化した。

利用者が評価できる分量の「動くソフトウェア」を提供するためには、1週間では短すぎてしまい、提供することを重視し過ぎてしまう。3週間では、フィードバックをするには長すぎる。

実際、2週間のイテレーションは、開発チームにとっても、利用者にとっても最適の期間であった。

ただし、初回のイテレーションは「動くソフトウェア」により一連の業務を確認するためだけに、4週間と設定した。

(iv) 反復型開発期間を固定するが、開発項目を固定しない

質問：フィードバックやビジネス環境変化の影響に対して、どのように開発項目を設定したか？

回答：10イテレーションまでに提供した基本機能が、業務としての流れを支える基盤となった。この基盤の上にバリエーションを追加していった。この基盤により追加する優先順位を利用者と開発チームが議論できた。

質問：リスク検証のためにどのようなスパイクを実施したか？

回答：開発チームが持つ業務ノウハウを活用し、課題が発生しそうなアンチパターンについてリスク検証したことが有効であった。

（v）開発対象の機能分割

■ 質問：厳しい綿密な計画をどのように作成したか？

┃ 回答：2つの視点で分割し、厳しい計画を立案した。

　　・業務視点

　　・処理の流れと操作画面

① 業務視点での分割

　業務を窓口と業務処理パターンで分割した。

表7.5 窓口分類とその概観（[55]より引用）

対応窓口	各窓口で取り扱う業務
届出窓口 （ライフイベント別）	転入・転居・転出・世帯変更・出生・死亡のライフイベントに関する窓口
外国人専用窓口	届出窓口で取り扱う業務の中から、外国人住民に係る窓口業務と取り扱う特別窓口
証明書交付窓口	住民票の写し、・戸籍の証明・税の証明等、各種証明書の発行窓口
公金収納窓口	特別区民税・都民税・軽自動車税・国民健康保険料等、納付書による収納窓口
その他業務	住居表示、住民台帳閲覧等に対応する窓口

表7.6 総合窓口における業務処理パターン（[55]より引用）

対応パターン	対応方法			業務数
	受付	業務処理	処理結果引渡	
A	総合窓口			119
B	総合窓口	各所管課	総合窓口	17
C	総合窓口	各所管課		18
D	誘導	各所管課		256
計				410

② 処理の流れと操作画面

　業務を選択し、処理の流れを来庁者、窓口担当者毎に明確にした。（レーンフロー図）

　処理に必要なシステム連携と画面機能を設定した。これが、利用者、職員、開発者が相互に理解をする共通基盤となった。

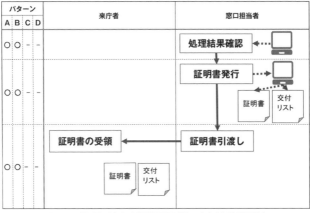

図7.17 処理の流れと操作画面（[55] を著者が編集）

（vi）顧客とチームの直接対話

■ **質問：** どのように定期的な打合せを運営したか？

　回答： イテレーション毎にレビューを実施して、1つ前のイテレーションで提供した動くソフトウェアに対する利用者からフィードバックをした。（図7.16 イテレーションの流れ）

　限定された時間に定期的に集まることは難しいため、時間を調整できて、自席で操作して評価できたことは有効であった。利用者の興味も高まり、有効なフィードバックができた。開発チームも1イテレーション遅れても価値を高めるフィードバックを歓迎した。フィードバックの速さを求めていたら、価値に繋がらなかっただろう。

■ **質問：** 開発期間の計画とレビューをどのように運営したか？

　回答： 開発期間の計画時は、1つ前のイテレーションでの提供に対するフィードバックを反映して優先順位を設定した。今回のイテレーションでの提供に注目が集まりがちであるが、対等に価値に基づき、優先順位を設定した。

（vii）全ての作業をチケット管理する

■ **質問：どのように全てのチケットを管理したか？**

回答： プロセスとツールを連動させることにより、全てのチケット
を管理した。

① 開発対象をタスク分割してチケット起票

② ローカル環境で開発を実施（テストコードも作成）

③ タスク完了後、ローカルリポジトリ（Git）でコミットしチケットを
更新

④ 共有リポジトリにプッシュ

⑤ 全テストコードがJenkinsで実行され、結果が各自に通知

⑥ イテレーション完了時に共有リポジトリを基にテスト環境をデプ
ロイ

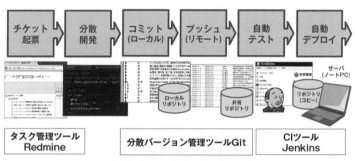

図7.18 チケット管理の流れとツール

（viii）自動化ツールの高度利用

■ **質問：どのようなツールを選択したか？**

| **回答：** 以下の自動化ツールを利用した。

表 7.7 適用自動化ツール一覧

No	ツール分類	ツール名称
1	開発フレームワーク	Ruby on Rails
2	分散バージョン管理	Git
3	チケット管理ツール	Redmine
4	テスティングフレームワーク	RSpec
5	CI環境	Jenkins

① 開発フレームワーク　Ruby on Rails

プログラム言語Rubyを適用し、開発フレームワークとして、Ruby on Railsを適用した。

特徴は、以下である。

- ・コンパイル不要で構成管理がシンプル・差分が可視化し易い
- ・設定ファイルが不要（規約にしたがうことで設定が不要になる）
- ・重複のない簡潔なコーディング（DRY）
- ・データベース定義が不要（テーブル項目追加変更をアプリと同様にコードで記述）
- ⇒ テーブル追加や項目追加のコストが無視できる。

② 分散バージョン管理　Git

分散する環境の管理と利便性を維持するために、分散バージョン管理ツールとしてGitを適用した。特徴は、以下である。

- ・各自の開発端末にローカルリポジトリを置ける。
- ⇒ 同じ資産に対して並行して開発できる。
  自分専用の環境だから調整が不要で作業が捗る。

- ・サーバー資産を管理
- ⇒ リポジトリから自動デプロイ
  サーバーの資産状態が正しいことが保証される

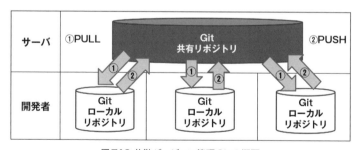

図7.19 分散バージョン管理Gitの概要

- ・試作用ブランチを作成
- ⇒ ソース共有が進み、タスク分割がしやすくなる。
  一方、マージ時のコンフリクトに慣れるまで時間が掛かる。

151

③ チケット管理ツール　Redmine

チケット管理ツールとしてRedmineを適用した。同時にGit、Jenkinsと連携させることにより、以下の効果が得られた。

- ソース変更理由や内容が一目瞭然
  （ソースコードに変更理由や内容を記述する必要がない）
- リポジトリの流れを可視化できる。

④ テスティングフレームワーク　RSpec

TDD（テスト駆動開発）からBDD（ビヘイビア駆動開発）に対応する。

- カバー率やテストされていない箇所を表示
- 全面的に自動テスト化（テスト工程がない）

⑤ CI環境　Jenkins

ドキュメント作成を最小化する

■ **質問：どのようなドキュメントを作成したか？**

回答：顧客・開発メンバー間の情報共有に有用なものは開発期間中に作成した。

運用・保守フェーズで役に立つものは開発期間終了後に作成した。

■基本設計相当

（開発メンバー間の情報共有のため開発当初から作成し、随時最新化を継続）

- テーブル設計書、テーブル関連図、コード設計書、メッセージ一覧
- 出力帳票一覧、外部インターフェイス一覧、外部インターフェイス仕様書

■詳細設計書相当

（保守効率化のためイテレーション期間終了後に作成）

- 構造設計書、画面項目一覧、データチェック一覧、メッセージ一覧

■運用関連ドキュメント

（運用担当者への情報提供のためイテレーション期間終了後に作成）

  ・全体ジョブネット関連図、ジョブ一覧

■マニュアル等

（イテレーション期間終了後に作成）

  ・操作マニュアル

■ **質問：ドキュメントの代替としてどのようなことをしたか？**

　回答： 原則としてRedmineで情報共有することとして、報告関連についてはRedmine, Jenkinsの出力資料を利用できた。

（ix）人と組織が成長する

■ **質問：プロジェクトを通じて変化したことはあるか？**

　回答： アジャイル開発の適用の有効構成を実感できた。

①利用者の巻き込み

　新たな業務に対しては利用者のフィードバックが必須である。これまでの仕様書を中心とした紙の世界から「動くソフトウェア」に変わることで利用者を巻き込む方法を確立できた。

②業務スキルの有効性

　開発チームが持つ業務スキルがリスクを中心に有効に活用できる。

③新たなソリューションの確立

　業務として共通な機能に対して業務ソリューションを提供してきた。固有な機能に対したアジャイル開発によるサービス提供を確立できた。

7.4 請負開発でのアジャイル開発の導入

アジャル開発における開発者の利点は大きい。顧客の利点も大きく、受託ソフトウェア開発において発注元である顧客の理解は必須である。しかし、顧客の理解は浸透していないのが現状である。

2011年からソフトウェア開発受託においてアジャイル開発適用を継続している会社がある。それが、株式会社アドヴァンスト・ソフト・エンジニアリング（以下、ASE社）である。同社は、安定した長期黒字経営、社員満足度70％を誇る、従業員約100名の独立系ソフトハウスである。[63] 技術開発部の渡会　健シニアマネージャーを中心に、開発者がお客様にアジャイル開発を提案して受託してきた。[62]

受託ソフトウェア開発における受託者から提案するアジャイル事例を紹介する。

（1）事例概要

事例の5W1Hを示す。[62]

表7.8 事例3：事例概要

目的	「ソフトウェア技術を通じて、社員と家族、そして関係するすべてのお客様の幸せを追求する」（ASE社経営理念より）
サービス	請負契約におけるアジャイル開発　20案件以上
時期	2011年3月より、スプリントは原則2週間
体制	社内およびビジネスパートナー
開発環境	1か所での開発または、ニアショアでの開発
推進方法	要件定義：お客様が真に必要としている価値を掘り出す。 テスト：CI環境は必須とし、自動テストを原則とする。 スプリント計画：メンバー全員でタスクを洗い出し、チケット化する。 作業：チケット駆動型で行う。 進捗：バーンアップチャートをアナログ（手書き）更新して確認する。

（i）目的

ASE社の経営理念は、「働く社員が元気よく、仕事や家庭を充実させることは重要です。それと同時に、お取引先様の利益を最大限生み出すことも不可欠です。そして、システムを利用するすべての人々の幸

せが根底になくてはなりません。」を表しています。[64]

この経営理念は、アジャイル開発と共通点が多くある。経営理念を実現するためにアジャイル開発を適用する。

(ii) サービス

アジャイル開発を受託する場合、準委任契約が推奨されている。準委任契約により、曖昧なスコープによるリスクを発注元に転嫁する。一方、日本企業では、システム開発については請負契約しか選択できないルールが多い。

受託側がリスクを受容して、請負契約を締結して、アジャイル開発を適用する。発注元が満足する価値を提供して相互の信頼関係を構築することを目指す。これが、アジャイルマニュフェストの「契約交渉よりも顧客との協調を」の実践である。

(iii) 時期

2011年から受託を継続している。

(iv) 体制

① メンバー構成

状況に応じて流動的に、社内メンバーで体制を構築している。
ニアショアのメンバーも参加し、メンバーを固定化していない。

② プロキシー・プロダクト・オーナー

アジャイル開発は、ウォーターフォール開発と比較し、プロダクト・オーナーの負荷が高い。プロダクト・オーナーは発注元が務めることが理想である。しかし、請負契約であるため、発注元の負荷が上がることを最初は、要求し難い。開発チームに対するプロダクト・オーナーの負荷を軽減するため、プロキシー（代理）としてのプロダクト・オーナーをチーム内に設置した。

プロキシー・プロダクト・オーナーには、限られた時間でどれだけ顧客（発注元）の意図を正確に把握できるコミュニケーション能力が求められる。

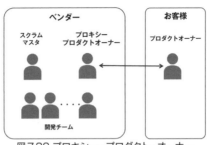

図7.20 プロキシー・プロダクト・オーナー

（v）開発環境

　1か所での開発または、ニアショアを含む複数拠点で分散開発した。

　リモート環境のため、Web会議と、誰が離席しているかがわかる、現地中継カメラとしてSkypeを適用した。

（vi）推進方法

　顧客の負担を軽減するため、実践実績のある試使用とそのフィードバックを組み合わせたアジャイル開発手法を提案する。

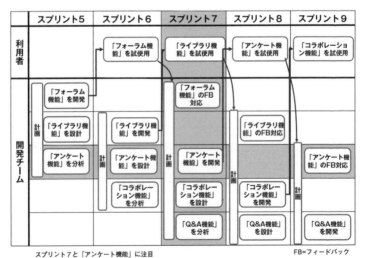

スプリント7と「アンケート機能」に注目　　　　　　　　　FB＝フィードバック

図7.21 5トラック×5スプリント推進方式

(2) アジャイル開発の特徴に関する説明

(i) 重要度の高い機能から優先的に開発する

■ 質問：どのようにビジネス価値に基づき優先順位を設定した
　　　　か？

　回答：要件定義に、マインドマップやBPMN（Business Process
　　　　Modeling Notation）を導入して、真に必要とする価値を
　　　　掘り出す。このプロセスを通じてメンバーがビジネス価値を
　　　　理解できた。

(ii) 短期間での繰返し開発、動くソフトウェアで顧客と確認

■ 質問：動くソフトウェアによる顧客との協調、体験の共有をどの
　　　　ように推進したか？

　回答：「動くソフトウェア」を試使用する期間として1スプリントを
　　　　割り当て、顧客と協調するための環境を整備した。

(iii) 反復型開発期間＝タイムボックス（開発期間を固定化）

■ 質問：開発メンバーの心身のリズムを「タイムボックス」に同期
　　　　させるためにどのように進めたか？

　回答：原則2週間に固定化した。

(iv) 反復型開発期間を固定するが、開発項目を固定しない

■ 質問：フィードバックやビジネス環境変化の影響に対して、どの
　　　　ように開発項目を設定したか？

　回答：スプリント毎に案件とフィードバックを再評価して設定し
　　　　た。

■ 質問：リスク検証のためにどのようなスパイクを実施したか？

　回答：要件を分析後、開発の前の設計スプリントでスパイクを実
　　　　施した。

(v) 開発対象の機能分割

■ **質問:** 厳しい綿密な計画をどのように作成したか?

> **回答:** 分析で要件の価値を理解し、設計で実現性を評価し、その後に開発するプロセスを通じて、コミットできる計画を立案できた。

(vi) 顧客とチームの直接対話

■ **質問:** どのように定期的な打合せを運営したか?

> **回答:** スプリント毎に、プロキシー・プロダクト・オーナーを中心に運営した。

■ **質問:** 開発期間開始と終了のレビューをどのように運営したか?

> **回答:** スプリント期間 (2週間) 試用した結果のフィードバックを受けて、価値に基づいて対話できた。

(vii) 全ての作業をチケット管理する

■ **質問:** どのようにして全ての作業をチケット管理したか?

> **回答:** 全員で洗い出した全てのタスクをRedmineとタスクボードで管理した。タスクの進捗をバーンアップチャートで管理した。

① タスクボードによるアナログの実感

タスクを未実施タスク、実施タスク、完了タスクに分類したタスクボードにて管理した。

② Redmineによるバックログ管理

タスクボードとRedmineを以下のように使い分けた。

- ・タスクボード:アナログで実感を得る
- ・Redmine　　:バックログを残す (メンバーが慣れ、スムーズに運用できた)

③ バーンアップチャートによる進捗管理

当初、バーンダウンチャートによる進捗管理を導入した。しかし、タスクが増加し続けてしまったため、効果がでなかった。このため、3つの対策を実施した。

- ・バーンアップチャートによるモチベーション向上

・前スプリントにおける検討によるタスクの洗い出し精度の向上

・変化への対応を実践する受容を取り込む進捗管理の向上

バーンダウンチャートは、残タスク数が減少していくことで消化速度を判断してする。しかし、タスク増加が2倍まで続いてしまうと、残タスクは減少するどころか、増加していく。スプリント中に消化したタス数より多いタスクが増加すると、達成感を持つことができないため、モチベーションが低下してしまった。

これに対して、バーンダウンチャートを2点について変更した。

・理想の残タスク線の削除：進捗の基準とならないため、削除した

・バーンアップチャートの追加：チームが消化したタスクを見える化するため、消化した累積タスクのバーンアップチャートと組み合わせた。消化タスク数が上昇していくことを確認することにより、メンバーのモチベーションは向上した。

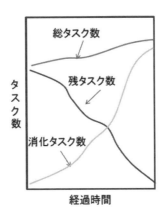

図7.22 事例3：独自のバーンアップチャート（[62]より引用）

・事前スプリントにおける検討によるタスクの洗い出し精度の向上

増加したタスクの80％の原因が要件に対する検討不足であった。実際に実施するスプリントの前に要件を検討することとした。要件を検討した後にタスクを洗い出すため、増加の80％を占めた原因を除去できた。これをスプリントの運営の標準とした。（図7.21 5トラック×5スプリント推進方式参照）

・変化への対応を実践する受容を取り込む進捗管理の向上

　残りの20%の増加原因は変更とバグ対応である。この変更を受容し、バーンアップチャートを追加した進捗管理スキルを向上できた。

（viii）自動化ツールの高度利用

　自動化ツールを整備した。[62]　[65]
　①自動化テスト ：TestLink、Selenium、RSpec、Capybara等
　②情報管理　　　：Redmine（カンバン、KPT）、チャット

　ドキュメント作成を最小化する。
■ **質問：どのようなドキュメントを作成したか？**
| **回答：**受託契約に従った。

■ **質問：ドキュメントの代替としてどのようなことをしたか？**
| **回答：**受託契約に従った。

（ix）人と組織が成長する [62]

■ **質問：プロジェクトを通して変化したことはあるか？**
回答：
　・メンバーが楽しいと言ってくれた
　・技術力の向上において目を見張るものがあった。
　・実践を通じて、教科書の内容を進化させてよいことを学んだ。
　・お客様に満足いただいた。保守契約を継続いただいている。

7.5 米国におけるハイブリッドアジャイルの採用

　デロイト社（Deloitte Touche Tohmatsu Limited）は、19万人の従業員で150か国以上において310億ドルを売り上げている。
　デロイト社は、ウォーターフォール開発について豊富な経験を有してきた。しかし、近年のビジネス環境の変化に対してアジャイル開発の特性が有効であることがわかってきた。従来から培ったウォーター

フォール開発にアジャル開発の特性を取り込んだハイブリッドアジャイルを採用した事例を紹介する。

(1) 事例概要

事例の5W1Hを示す。[61]

表7.9 事例4:事例概要

目的	大規模公共システム
サービス	複数システムと連携し、データ移行したセキュリティの高いサービス
時期	全体＝1年半、アジャイルスプリント＝2012年5月から7か月
体制	大規模ウォーターフォール開発体制とスプリント時の体制の両立
開発環境	1か所での開発
推進方法	企画、要件定義:ウォーターフォール開発 (一部、スプリント) アジャイルスプリント (2〜3週間:7か月):アジャイル開発 品質確認、デプロイ:ウォーターフォール開発

(i) 目的

大規模な公共システムは、年々、挑戦的な納期までに、曖昧なスコープをリソース制約の中で達成しなければならない。また、必ずしも全てのプロジェクトでウォーターフォール開発の標準であるSDLC (Systems Development Life Cycle:システム開発ライフスタイル) がうまく機能しているとは言えない。そこで、ウォーターフォール開発で培ったノウハウとアジャイル開発の特徴を生かして、顧客とプロジェクトチームがWin－Winになるためにハイブリドアジャイル開発を適用する。[61]

(ii) サービス

対象プロジェクトは以下の要件を含む。[61]
・複数のシステムとの連携
・大量のエンドユーザーを収容する能力
・データ移行
・トレーニングと展開
・システム基盤
・セキュリティ

・運用保守

(iii) 時期

2011年に開始して1年半後に稼働した。[61]

(iv) 体制

① プロジェクト体制

プロジェクト体制は、多くの大規模プロジェクトの典型的な体制とした。

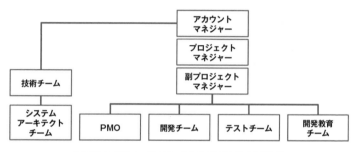

図7.23 事例4：プロジェクト体制（[61] より引用）
Copyright © 2013 Deloitte Development LLC

② スプリントにおける役割と責任

スプリントにおける役割を示す。[61]

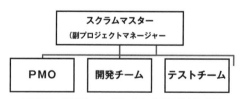

図7.24　事例4：スプリントにおける役割と責任
Copyright © 2013 Deloitte Development LLC

スプリントにおける役割と責任を以下に示す。（[61] より引用）

表 7.10 スプリントにおける役割と責任（[61] より引用）

役割	責任
スクラムマスター / 副プロジェクト マネージャー	・スプリント計画とイテレーションバックログ定義を管理 ・リスクと懸念事項の軽減と必要に応じたエスカレーション ・日々のスクラムミーティングを管理
開発チーム	・開発タスクの作成と実施 ・日単位のタスク進捗の更新
テストチーム	・テストケース作成と実施 ・リグニッションテストの定義とユーザー受入テスト（UAT）の 定義
PMO	・作業計画とタスク割り当ての管理 ・ステークホルダーへのプロジェクト状況報告
全員	・スプリント計画とレビューへの参加 ・日々のステータスミーティングの参加

(v) 開発環境

1 か所で活動できる環境を整備し、協働により新機能の受け入れを促進した。

(vi) 推進方法

ウォーターホール開発で培ったノウハウと素早い失敗で方向性を確認できるアジャイル開発を融合させる推進方法を採用した。

初期の企画と初期要求分析フェーズと最終の品質保証（QA）とデプロイついては、ウォーターホール開発のノウハウを活用し、中間にアジャイルスプリントを適用した。

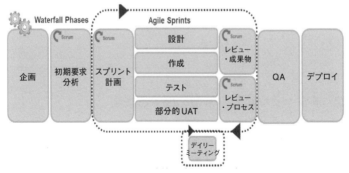

図 7.25 ウォーターフォールとアジャイルのハイブリッドアプローチ（[61] より引用）
Copyright © 2013 Deloitte Development LLC

163

① 企画と初期要求分析

　企画と初期の要求分析は、ウォーターフォール開発で適用されてきた手法を適用した。ここで分析された要求は、後のアジャイルスプリントで修正される。要求の定義と修正およびそれを解決する設計のために、開発チームは、顧客ステークホルダーと共に活動した。要求と設計の約80％をこのフェーズで決定した。残り20％についてはスプリントを繰り返しながら決定していった。複雑性と既存機能についても、次のアジャイルスプリントで行う。

② アジャイルスプリント

　3週間のスプリントを7か月間繰り返した。

　各スプリントでは、定義されたスコープと優先順位に従い、計画した。

　設計、作成、テストを繰り返した。

　部分的UAT（User Acceptance Test：ユーザー受け入れテスト）を行い、各スプリントで顧客をテストプロセスに巻き込んだ。

　日々、デイリーミーティングを実施した。

　スプリント毎に成果物とプロセスについてレビューした。

③ QAとデプロイ

　全てのスプリントが完了した後、QA（Quality Assurance：品質保証）は機能、結合、パフォーマンス、ユーザービリティに関するテストとUATを行った。

　QA完了後、デプロイした。

(2) アジャイル開発の特徴に関する説明

(i) 重要度の高い機能から優先的に開発する

> **質問：** どのようにビジネス価値に基づき優先順位を設定したか？
>
> **回答：** プロジェクトにとって堅実な基盤となる機能を優先させた。あるべきソリューションについては、企画と初期要求分析で

全て決定するのではなく、80%までとした。

(ii) 短期間での繰返し開発、動くソフトウェアで顧客と確認

質問： 動くソフトウェアによる顧客との協調、体験の共有をどのように推進したか？

回答： 品質やスケジュールに大きな影響を与える大きく複雑な問題が発生することが予想された。これに対抗するためには、メンバー間の公式および非公式な会話を頻繁に行う必要がある。したがって、開発チームに、指定のビジネス領域を代表するサブジェクト・マター・エキスパート（User Subject Matter Expert, SME）を参加させた。

これにより、構築、品質に関して継続的なフィードバックを行えた。

(iv) 反復型開発期間を固定するが、開発項目を固定しない

質問： フィードバックやビジネス環境変化の影響に対して、どのように開発項目を設定したか？

回答： 各スプリントのスコープは、機能的に細分化され、業務に対して適用可能な単位とすることができた。また、あるべきソリューションに対して20%はスプリントを繰り返しながら決定していった。

質問： リスク検証のためにどのようなスパイクを実施したか？

回答： フィードバックを受けて、タスクとして検証した。

(v) 開発対象の機能分割

質問： 厳しい綿密な計画をどのように作成したか？

回答： 開発チーム、テストチームおよびPMOが参加し、スプリント計画を実施した。スプリント計画とレビューへの参加は、全員の責任として、最初に定義をした。

（vi）顧客とチームの直接対話

■ **質問：どのように定期的な打合せを運営したか？**

回答：公式には、スプリント計画、スプリントレビュー、デイリーミーティングにより運営した。

非公式には、SMEと頻繁に打合せを実施した。

■ **質問：開発期間開始時と終了時のレビューをどのように運営したか？**

回答：スプリントにおいて部分的なUATを実施した。これにより、顧客を巻き込んだ運営ができた。

（vii）全ての作業をチケット管理する

■ **質問：どのように全ての作業をチケットで管理したか？**

回答：PMOが管理し、開発チームを支援した。

（viii）自動化ツールの高度利用

■ **質問：開発環境をどのように整備したか？**

回答：バーンダウンチャートを適用した。

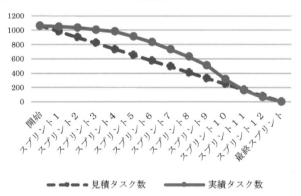

図7.26 事例4：バーンダウンチャート（[61] より引用）
Copyright © 2013 Deloitte Development LLC

(ix) ドキュメント作成を最小化する。

■ **質問:** どのようなドキュメントを作成したか?

> **回答:** ウォーターフォール開発で定義したドキュメントを作成した。

■ **質問:** ドキュメントの代替としてどのようなことをしたか?

> **回答:** ウォーターフォール開発の定義を適用したため、代替はない。

(x) 人と組織が成長する

■ **質問:** プロジェクトを通じて変化したことはあるか?

> **回答:** ウォーターフォール開発だけでは、ビジネス環境変化に十分に対応できない。

- ・スプリントで要求を定義していくことができる。
- ・顧客との頻繁な協働により、新機能の受入れをより早い時期にすることができる。
- ・テストを最終のQAまで待つことからスプリントを通じたテスト実施に変革できる。
- ・システム仕様を知る人を確保することは難しい。しかし、業務を知る人は必ず組織内にいる。
- ・早期にプロダクトが見れるようになることで、仕様の不確実性リスクを削減できる。

7.6　変化に対応する新商品開発

　アジャイル開発は日本の実践ノウハウを触媒とすると説明した。(図4.2参照) ソフトウェア開発以外にも、常に変化に対応するため、独自に生み出した新製品開発の手法が、アジャイル開発、特に、スクラムと類似している事例がある。35年前から継続している事例を紹介し、日本の実践ノウハウとアジャイル開発の類似点について考察してみよう。

　アイリスオーヤマ株式会社は、生活用品の企画、製造、販売を一貫して行う。効率経営を考えれば、定番商品に集中すべきである。しかし、定番商品にも10年に一度は危機が訪れる。生き残るためには、常に変化に対応していることが必要である。変化に対応するため、発売3年以内の新製品の割合を50%以上と決めた。現在は、56%である。[68][69]

　年間、1,000点の新製品を開発する。新製品を生む新商品開発会議、通称「プレゼン会議」を紹介する。[68][69]

新商品比率
55.8%

図7.27 アイリスオーヤマの新製品比率

（1）事例概要

　事例の5W1Hを示す。[69]

表7.11 事例5：事例概要

目的	移り変わる生活者ニーズに常に応える
サービス	現実の生活者が困っている悩みを解決する新製品
時期	35年前（1970年代）から開始、毎週月曜日（朝〜夕方）
体制	社長、各部門の責任者、開発チーム
開発環境	専用のプレゼン室、TV会議（動画）
推進方法	資料は1画面。「要点から話す」。途中で合否判定。5〜10分／件

（i）目的

　目的は、企業理念の実践である。[69]

　企業理念と実践の関係を分析し、以下に示す。

表7.12 アイリスオーヤマの企業理念と実践

企業理念	実践
一、会社の目的は永遠に存続すること。いかなる時代環境に於いても利益の出せる仕組みを確立すること。	定番商品だけに頼らず、変化に対応する
二、健全な成長を続けることにより社会貢献し、利益の還元と循環を図る。	日本の課題にチャレンジすることで豊かな社会づくりに貢献する。
三、働く社員にとって良い会社を目指し、会社が良くなると社員が良くなり、社員が良くなると会社が良くなる仕組みづくり。	新商品比率50％以上を守り、利益率10％を死守する。
四、顧客の創造なくして企業の発展はない。生活提案型企業として市場を創造する。	ソリューション型商品開発により「ユーザーインの需要創造」する（注）
五、常に高い志を持ち、常に未完成であることを認識し、革新成長する生命力に満ちた組織体をつくる。	会社と社員が共によくなるための場を定常的に運営する。

（注）ソリューション型商品：生活者の潜在的不満を解消する商品

(ii) サービス

　年間1,000点の新製品企画、販売チャネル、納入価格、販促キャンペーンなど約60件について合格／不合格を決定する、新商品開発会議、通称「プレゼン会議」を行う。[69]

(iii) 時期

　35年ほど前から始めた。当初は、社長が考えた新商品に意図などを幹部に説明する場であった。事業の幅が広がったため、社員が提案し、社長、幹部が聞く立場となった。[69]

(iv) 体制

　試作品を前に置いた提案者を階段状の席が囲む。最前列中央に社長、そして、営業、応用研究、財務、海外事業、品質管理、知財などの責任者が同席する。[69]

　プロダクトオーナーは、社長である。社長は、2つの責任を持つ。

① リスク請負人：提案者にペナルティはない

② 生活者の代弁者：現実の生活者が困っている悩みの解決を焦点とする

図7.28 通称「プレゼン会議」([68] から引用)

(v) 開発環境

20年前にプレゼン専用室を設置した。

海外の工場や大阪の研究所から動画（TV会議）で参加する。

(vi) 推進方法

① 会議の推進方法

要点から話す。前日の日曜日までの販売データは必須である。

質問には、その場で答える。

（社長からの質問：「あなたの奥さんは、ホントにそれを買いますか?」）

話の途中でも合格／不合格をどんどん判断する。

② 開発の推進方法

一般的なメーカの場合、新製品開発は、各部門が工程を完了して順に渡していく、リレー方式となる。これでは、スピードが上がらない。社内会議を重ねれば、「やめておこう」となることが多い。

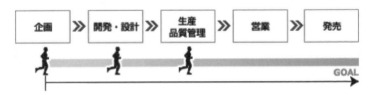

図7.29 一般的なメーカの場合：リレー方式（[68] より引用）

アイリスオーヤマの場合、伴走方式をとる。「プレゼン会議」であらゆる部門の人材が情報を共有して、同時に仕事を進める。これもス

ピード開発の秘密である。[68] クロスファンクショナルに柔軟に仕事を推進できる。

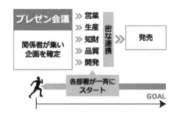

図7.30 アイリスオーヤマの場合：伴走方式（[68] より引用）

（2）アジャイル開発の特徴との比較

（i）重要度の高い機能から優先的に開発する

> **質問**：どのようにビジネス価値に基づいて優先順位を設定したか？

> **回答**：「プレゼン会議」は注力事業から順にプレゼンがスタートする。これにより、午前中に決定したことが午後からの商談・業務に活かせる。[68]

（ii）短期間での繰返し開発、動くソフトウェアで顧客と確認

> **質問**：動くソフトウェアによる顧客との協調、体験の共有をどのように推進したか？

> **回答**：機能はSimple、価格はReasonable、品質はGoodの3点のバランスがとれた商品だけを市場に送り出す。[68]

（iii）反復型開発期間＝タイムボックス（開発期間を固定化）

> **質問**：開発メンバーの心身のリズムを「タイムボックス」に同期させるためにどのように進めたか？

> **回答**：毎週月曜日に開催する。タイムボックスは1週間と固定になる。年間1,000新商品を開発する。

(iv) 反復型開発期間を固定するが、開発項目を固定しない

質問： フィードバックやビジネス環境変化の影響に対して、どのように開発項目を設定したか？

回答： あらゆる部門の責任者からのフィードバックを伴走方式の開発チームで検討する。

質問： リスク検証のためにどのようなスパイクを実施したか？

回答： あらゆる部門の方と伴走方式で検討する。

(v) 開発対象の機能分割

質問： 厳しい綿密な計画をどのように作成したか？

回答： あらゆる部門の方と伴走方式で検討する。

(vi) 顧客とチームの直接対話

質問： どのように定期的な打合せを運営したか？

回答： プロダクトオーナーである社長が参加するプレゼン会議で毎週月曜日に対話する。

質問： 開発期間開始時と終了時のレビューをどのように運営したか？

回答： プロダクトオーナーである社長が参加するプレゼン会議で毎週月曜日に対話する。

(vii) 全ての作業をチケット管理する

質問： どのように全ての作業をチケット化したか？

回答： あらゆる部門の方と伴走方式でチームが管理した。

(viii) 自動化ツールの高度利用

質問： どのような自動化ツールを選択したか？

回答： ＴＶ会議（動画）を適用した。

(ix) ドキュメント作成を最小化する

資料画面は1枚のみである。試作品が「動くソフトウェア」である。

（x）人と組織が成長する

■ **質問： プロジェクトを通じた変化は何か？**

回答： ３０年以上前の新製品開発手法を継続／進化させて成長
している。

スクラムを提唱した『The New New Product Game』には、連
携方式として以下が示されている。[47]

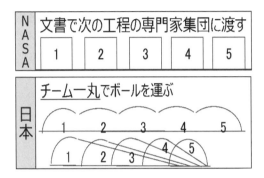

図7.31 NASAモデルと日本式（SCRUM）

アイリスオーヤマの伴走方式は1980年代に生まれ、現在まで継続
している。この伴走方式がスクラムの触媒となった日本の実践ノウハ
ウと類似している。伴走方式は、日本の実践ノウハウを今に伝える。

おわりに

　高名なチャールズ・R・ダーウィンは、「最も強い者が生き残るのではなく、最も賢い者が生き延びるのでもない。唯一生き残ることが出来るのは、変化できる者である」を残している。環境変化に適応する者だけが生き残れるという名言である。アジャイル開発は繰り返し述べて来たとおり、環境適応型の開発方法論だ。近い将来この適用範囲が拡大することが出来れば、短期間に高い効率で対象とするモノやサービスの改善をすることができ、顧客にも受け入れられ、結果として企業や組織は成長できる。

　アジャイル開発では開発対象の機能を小さく分割して優先度の高いものから順次開発し、顧客に提供し、それを繰り返す。当初の目標機能の提供が完了した後でも、インクリメンタルな開発により、機能の拡張を続けられる。従い、アジャイル開発では、開発と成果を分割し、優先度の高い小成果を早期に提供し、その後も必要に応じて拡張する。これは「開発行為と成果提供のフラット化」とも呼べる。結果として、必要とされる機能提供の「サービス化」を促進する。

　その事例は、ハードウェア資源が「クラウド化」され、顧客は資源であるモノを自ら調達しなくてもサービスとして提供を受ける事を選択できる。資産が経費に変るイノベーションだ。ソフトウェア資源に関しても、自ら所有せず、ITサービス企業と連携し、アジャイル開発を採用し、サービスとして提供を受ける選択をすれば、資産が経費となる。環境変化にも強い。このように、ハードウェア、ソフトウェア両サイドからのサービス化が促進されることに企業や組織は敏感なはずである。

　システム開発の大規模プロジェクトへのアジャイル開発の適用については、本書の6章で述べたとおりで既に始まっている。同様に、IoTの応用面で必須であり急拡大を続けるエンベッディッドシステムの領域においてもアジャイル開発の適用が広がっていくと考えられる。更に、クラウドコンピューティングとWebシステムが情報システムの主要な位置を占めて来ているが、アジャイル開発を前提とした

Webアーキテクチャーが整備されていくものと思われる。このことは
ITの活用をさらに拡大させ、企業活動を大きく革新させることになる
であろう。

　本書は、3人の執筆者の手による。その分担部分は次のとおりであ
る（五十音順）。
　片岡雅憲：全体構想、2章、3章、4章、5章、6章
　小原由紀夫：4章4.2、7章
　光藤昭男：企画、監修、1章

　本書の発刊に際しては、以上のメンバーのほかに多くの方々の協力
があった。日本プロジェクトマネジメント協会資格研修センター研修
部橋本肇部長には懇切丁寧な調整業務をして頂いた。特に、この本
を出版するきっかけをつくって頂いた近代科学社の小山透社長は、単
なるシステム開発を超える日本の産業の転換のスピードに危機感を持
たれ、この本の必要性を情熱的に説かれた。そして始まり、判り易さ
を常に強調されていた。また、大塚浩昭さんには、編集段階にて辛抱
強く支えて頂いた。お二人に深く感謝の意を表したい。

2017年8月

著者一同

補遺：
P2Mプログラムマネジメントと
アジャイル開発

　本書を監修するPMAJ（特定非営利活動法人日本プロジェクトマネジメント協会：Project Management Association of Japan）は、1998年よりプロジェクトマネジメント（PM）の普及活動をはじめたPM分野におけるパイオニアである。2001年には、経産省の指導と資金で日本発のPM体系を世界に提唱した。それがP2M（Program and Project Management for Enterprise Innovation）である。

　P2Mは、プログラムマネジメント（PgM）を上位概念とし、複数のプロジェクトの遂行を下位概念として、その目的・目標を達成するという方法論である。日本の製造業を世界のトップレベルに押し上げた日本的な手法を加味した画期的な方法論として欧米で評価された。

　ここでは詳細は省くが、「P2M」と「アジャイル開発」を比較して、2つの点で類似点が「共感できる点」として公表されている。（図補1、2：「アジャイル開発に共感できる点1、2」）　類似性の1つ目は、P2Mもアジャイル開発も「顧客価値の向上」を目指すことである（図補1）。重要なポイントである。

　2つ目が、複数プロジェクトを順次実施することで目標を達成することである。P2Mは現状と目標のそれぞれの状態にギャップを解析し、解決のため複数のプロジェクトを創り出し、実施し、目標にたどり着く。開始時点で目標が明確なタイプを「オペレーション型プログラムマネジメント」とし、目標が曖昧なタイプを「戦略型プログラムマネジメント」と呼ぶ。後者の方法論が、「アジャイル開発」に類似している。下位概念であるプロジェクトの実施を繰り返し、その経過や個別のプロジェクトの結果を評価しながら、次第に目標を明らかにする。その目標を達成するために複数プロジェクトを繰り返し実施する。P2Mでは「プロジェクト」と呼ぶが、アジャイル開発のスクラムでは「スプリント」と呼ぶ。

以上のような類似性があるが、全体の実施の期間は、Ｐ２Ｍは長い
が、アジャイル開発は短い。Ｐ２Ｍではドキュメントは必須であるが、
アジャイル開発では必要最小限とする。また、参画するメンバーも
Ｐ２Ｍでは要件を満たす専門家を必要とするため多いが、アジャイル
開発ではスピード優先で多くて10名以下とし、少ない。

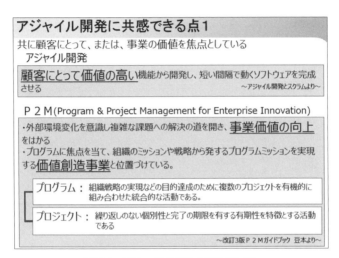

図補-1　アジャイル開発に共感できる点1

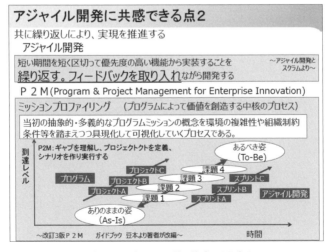

図補-2　アジャイル開発に共感できる点2

　類似点を考えるうえで一番重要なポイントは、両者とも「環境適応型方法論」といえることだ。外部環境が変化する中、一度走り出したら目的や目標を変更できないのでは、プロジェクトが成功裏に完了しても顧客やステークホルダーの満足は得られない。その変化に適応する手法が組み込まれていることにP2Mプログラムマネジメント（戦略型）とアジャイル開発の類似点の重要なポイントがある。そして顧客価値の創造が可能となる。

参考文献

[1] http://agile manifesto.org/

[2] http://agile manifesto.org/principles.html

[3] https://en.wikipedia.org/wiki/Agile software_development

[4] （監訳）長瀬嘉秀（訳）永田渉、飯塚麻里香：『XPエクストリーム・プログラミング入門』ピアソンエデュケーション、2000

[5] （監訳）長瀬嘉秀 （訳）テクノロジックアート：『XPエクストリーム・プログラミング入門　変化を受け入れる』ピアソンエデュケーション、2004

[6] 監訳）長瀬嘉秀（訳）（株）テクノロジックアート：『スクラム入門〜アジャイルプロジェクトマネジメント〜』　日経BPプレス、2004

[7] （監訳）長瀬嘉秀、今野睦　（訳）テクノロジックアート：『アジャイルソフトウェア開発』ピアソンエデュケーション、2002

[8] 日本情報システム・ユーザ協会：『企業IT調査2011』図表6-1-1、図表6-1-2、2011
http://www.meti.go.jp/policy/mono_info_service/joho/itdoukou/2010/01.pdf

[9] 鶴保征城（監訳）、冨野壽（監訳）：『ソフトウェア開発の定量化手法 第2版』共立出版、1998

[10] 冨野壽、小坂恭一（監訳）：『ソフトウェア開発の定量化手法 第3版 -生産性と品質の向上をめざして』共立出版、2010

[11] 長瀬嘉秀、今野睦（監訳）、テクノロジックアート（訳）：『ペアプログラミング』ピアソンエデュケーション、2003

[12] （訳）大塚庸司、丸山大輔、岡本裕二、亀村圭助：『継続的インテグレーション入門』日経BP社、2009

[13] Jez Humble and David Farley： *"Continuous Delivery"* Pearson Education　2011

[14] （訳）児玉公信、友野晶夫、平澤章、梅沢真史：『リファクタリング−プログラミングの体質改善テクニック−』ピアソン・エデュケーション、2000

[15] http://www.xp123.com（Bill Wakeのサイト）

[16] （訳）山岸耕二、矢崎博英、水谷雅宏、篠原明子（監訳）ウルシステムズ株式会社：『ユースケース実践ガイド−効果的なユースケースの書き方』翔泳社、2001

[17] （監訳）三河淳一（訳）佐藤竜一、鈴木健児：『ユースケース駆動開発実践ガイド』翔泳社、2007

[18] https://en.wikipedia.org/wiki/Extreme_programming_ practices

[19] （監訳）オージス総研：『アジャイルモデリング』翔泳社、2003

[20] *"Extreme Programming Refactored: The Case Against XP"* 2003 Apress

[21] Matt Stephens and Doug Rosenberg： *"Agile Development with ICONIX Process"* Doug Rosenberg, Matt Stephens, and Mark Collins-Cope Apress、2005

［22］藤井拓（監訳）、辻博靖、井藤晶子、山口雅之、林直樹（訳）：『オブジェクトデザイン—ロール、責務、コラボレーションによる設計技法』翔泳社、2007

［23］石井圭樹、荒川三枝子（監訳）、日本ラショナルソフトウェア株式会社（訳）：『ソフトウェア要求管理 新世代の統一アプローチ』株式会社ピアソンエデュケーション、2002

［24］玉川憲(監訳)玉川憲、橘高陸夫、畑秀明、藤井智弘、和田洋、大澤浩二(訳)：『アジャイル開発の本質とスケールアップ』翔泳社、2010

［25］藤井拓（監訳）オージス総研（訳）：『アジャイルソフトウェア要求』、翔泳社、2014

［26］安井力、角谷信太郎（訳）：『アジャイルな見積りと計画づくり』毎日コミュニケーションズ、2009

［27］（監訳）河野正幸、原幹 （訳）越智典子：『アジャイルと規律』日経BP社、2004

［28］西村直人、角谷信太郎 （監訳）、近藤修平、角掛拓未（訳）：『アジャイルサムライ—達人開発者への道』オーム社、2011

［29］安井 力、角谷 信太朗（訳）：『アジャイルな見積もりと計画づくり』毎日コミュニケーションズ、2009

［30］田沢恵、溝口真理子（訳）久手堅憲之（監修）『ソフトウェア見積り—人月の暗黙知を解き明かす』日経BPソフトプレス、2006

［31］『実用Subversion 第2版』宮本久二男（監訳）、朝枝雅子、浜本階生（訳）オライリージャパン、2009

［32］でびあんぐる（監訳）：『実践入門：達人プログラマーに学ぶバージョン管理 第2版』オーム社、2011

［33］吉藤英明（監訳）、本間雅洋、渡邊健太郎、浜本階生（訳）：『実用Git』オライリージャパン、2010

［34］（著）濱野純：『入門Git』秀和システム、2009

［35］でびあんぐる（監訳）：『入門git』オーム社、2009

［36］『2. Maven入門 TECHSCORE』http://www.techscore.com/tech/Java/ApacheJakarta/Maven/2

［37］Hayashi Masatoshi,Sekiya Kazuchika, Sue Nobuhiro, Mochida Shinya：*"Gradle User Guide"* Hans Dockter, Adam Murdoch 2007-2012
（訳）http://gradle.monochromeroad.com/docs/userguide/ userguide.html
（注）Gradleという名のOSSのWeb Siteにある"Gradle User Guide"を和訳したドキュメントがこのWeb Siteに掲載されている。

［38］（訳）榊原彰 他：『実践アジャイルテスト：テスターとアジャイルチームのための実践ガイド』翔泳社、2009

［39］『Selenium 2 を導入する - IBM - United States』http://www.ibm.com/developerworks/jp/web/library/wa-selenium2/index.html

［40］［運用を自動化する『Chef』］Rubyベースの手順書で管理http://itpro.nikkeibp.co.jp/article/Active/20130307/ 461541/

[41] （著）小川　明彦、阪井　誠：『Redmineによるタスクマネジメント実践技法』翔泳社、2011

[42] （著）前田　剛：『入門 Redmine 第2版　Linux／Windows対応』、秀和システム、2010

[43] （著）町田欣史、高橋和也、小堀一雄、飯山教史『現場で使えるソフトウェアテスト　Java編』翔泳社、2008

[44] （著）野中郁次郎、竹内弘高、（訳）梅本勝博：　『知識創造企業』（出版）東洋経済新報社、1996

[45] https://ja.wikipedia.org/wiki/Trac

[46] http://www.scrumguides.org/docs/scrumguide/v1/Scrum-Guide-JA.pdf：　スクラムガイド　Ken Schwaber Jeff Sutherland

[47] （著）平鍋健児・野中郁次郎：『アジャイル開発とスクラム』翔泳社、2013

[48] （訳）稲垣公夫：『ザ・トヨタウェイ』日経BP社、2004

[49] https://www.juse.or.jp/departmental/point02/08.html　『狩野モデルと商品企画』日本科学技術連盟

[50] Project Management Institute『プロジェクトマネジメント知識体系』（PMBOKガイド）第5版、2013

[51] （著）大野耐一『トヨタ生産方式』ダイヤモンド社、1978

[52] （著）新郷重夫『トヨタ生産方式のIE的考察』日刊工業新聞社、1980

[53] （監訳）平鍋健児　（訳）高嶋優子／天野勝：『リーン開発の本質』日経BP社、2008

[54] http://www.jasst.jp/archives/jasst10e/pdf/D5-3.pdf

[55] （著）豊島区『住民記録系システム開発業務委託』　豊島区　2014

[56] （訳）沢田博　『リーン生産方式が、世界の自動車産業をこう変える。』　経済界　1990年

[57] https://www.city.toshima.lg.jp/064/shinchosha/madoguchi.html（豊島区役所ホームページ）

[58] http://www.city.toshima.lg.jp/064/kuse/koho/channel/033747.html（豊島区役所ホームページ『新庁舎　最新レポート『豊島区の未来を見つめて』』）

[59] https://www.city.toshima.lg.jp/064/shinchosha/documents/raichosha_anketo.pdf（豊島区本庁舎来庁者アンケート結果報告書　平成28年1月実施）

[60] http://www.city.toshima.lg.jp/063/kuse/shisaku/shisaku/kekaku/021014/016576.html（豊島区役所新庁舎整備基本計画　平成21年11月）

[61] Stepanie Archer and Cris Kaufman *"Accelerating Outcomes with a Hybrid Appoach within a Waterfall Environment"* PMI Global Cngress North America 2013

[62] http://www.agilejapan.org/2014/2014/documents/C-3.pdf（アジャイル経験0から3年で3億以上を稼いだ道のり　渡会　健、2014年AgileJapan2014）

［63］http://www.ase.co.jp/
（アドヴァンスト・ソフト・エンジニアリング株式会社 ホームページ）

［64］http://www.ase.co.jp/company/rinen/
（アドヴァンスト・ソフト・エンジニアリング株式会社 企業理念）

［65］http://www.agilejapan.org/2016/image/
B-3_KenWatarai_AgileJapan2016.pdf
（アジャイル初心者とアジャイル熟練者でつくる 初めてのリモートアジャイル
開発の実態 渡会　健　2016年 AgileJapan2016）

［66］（編）アジャイルジャパン2015実行委員会『アジャイルの魂2015』株式会社
マナスリンク 2015年

［67］（編）アジャイルジャパン2016実行委員会『アジャイルの魂2016』株式会社
マナスリンク 2016年

［68］http://www.irisohyama.co.jp/about/keyword02/
（アイリスオーヤマ　ホームページ　アイリスオーヤマがわかる6つのキー
ワード：商品開発力：新製品1,000点を生む月曜日）

［69］（著）大山健太郎　『アイリスオーヤマの経営理念　大山健太郎　私の履歴
書』　日本経済新聞出版社、2016年

付録1
アジャイル開発に用いられる 自動化ツール

　本文の3.2アジャイル開発の特徴（8）自動化ツールの高度の活用において、自動化ツールの概要を紹介した。以下、この付録1ではこれらの自動化ツールについて、より詳細を解説していくこととする。
　これらの自動化ツールは特に断り書きがない限り、全てOSS（Open Source Software）であり、無料で利用することができ、改変も自由である。

A1.1 コード分析・評価ツール [43] pp.49~58

　単体・コンポーネントテストにより、正しく動作することが確認されたモジュールやコンポーネントに対して、夜間や週末にコード分析・評価ツールを使って、その内部構造の妥当性を評価することが大切である。このコード分析・評価のことを、プログラムを動作させずに評価することから「静的テスト」と呼ぶこともある。
　コード分析・評価結果はリファクタリングに活用できる。リファクタリング（Refactoring）とは、外部から見たプログラムの振舞いを変えずに、後からの理解や修正を容易にするべく、プログラムの内部構造を改善することである。
　コード分析・評価ツールは、その役割により次のように分類できる。また、各分類についての代表的なツールの例を示す。

(1) 標準コード規約チェッカー
　コードが標準的なコード規約にしたがっているかをチェックする。代表的なものとして以下がある。

・CheckStyle（Java用、ルール数120）
・PMD（Java用、ルール数240）
・FindBugs（Java用、ルール数300）
・Jtest（Java用、ルール数1,000）
・DevPartner（.NET用、ルール数340）

（注1）上記のうちCheckStyle, PMD, FindBugsはOSS、Jtest（Parasoft社製）、DevPartner（Compuware社製）は商用ソフトウェアである）

（注2）FindBugsは、ソースコードではなくコンパイル結果を分析する）

(2) ソースコードの共通部分の抽出ツール

コードの共通部分を抽出して、共通モジュール化を推奨する。

・PMD-CPD（Copy and Paste Detector）
・Simian（Similarity Analyzer）

(3) モジュール間の相互関係分析ツール

モジュール間の相互依存関係を分析する。

・JDepend（Java用）
・NDepend（.NET用）
・CAP（Code Analysis Plugin）
・Understand（テクマトリックス社商用ツール）

(4) ソースコードの複雑度評価ツール

ソースコードの複雑度CCN（cyclomatic complexity number）を数える。CCNツールとしては次のようなものがある。

・JavaNCSS
・Eclipse Metrics Plugin（Frank Sauer）
・Eclipse Metrics Plugin（Team in a Box）
・CCMetrics

(5) テストカバレッジ評価ツール

テストカバレッジ（注）およびテスト未実行コードを表示する。

- Cobertura
- Eclips djUnit
- Emma

（注）テストカバレッジ：テスト実行済みのコード比率

A1.2 変更歴管理ツール、バージョン管理 ツール

ソースコードを代表とするソフトウェア資産を管理し、その変更歴を管理する。これらの情報に基づき、ソフトウェアの状態を以前の状態へ復旧することもできる。また、変更歴とバージョンとの対応を管理するバージョン管理機能を持つ。

ソフトウェアは、その開発の過程においても、また、運用・保守の段階に入っても、頻繁に変更される。この変更を記録し、また、過去を復元するために変更歴管理は重要であり、基本的に次のような機能を持っている。

- 失敗に気付いた場合に（不良を検出した場合を含む）、失敗を検討・修正するための過去の状態に戻れる。いわば、タイムマシンであり、過去のいかなる時点にも戻れる。
- 同一のコードに対して複数の開発者が、管理された方法で並行アクセスすることにより、チームによる共同開発ができる。
- 既にリリースされたコードを保守しながら、最新のコードの開発を並行して進めることができる。
- 変更の経時的な記録が残される。変更の理由、回数等の情報が後で利用できる。

変更歴管理・バージョン管理ツールの源流は、1972年にベル研究所のMarc J. Rochkindが開発したSCCS（Source Code Control System）に遡る。SCCSは、当初IBM370システム上で開発され、のちにUNIX上に移植された。その後、その後継として

RCS (Revision Control System)、CVS (Concurrent Version System)、Subversion ［31］［32］ などのツールが開発された。2001年にリリースされたSubversionは、CVSの機能を継承しながらも圧倒的な機能強化、性能強化によりこれを置き換えて、爆発的に普及した。Subversionは、本書の執筆時点である現状において世界中でもっとも多く使われている変更歴管理・バージョン管理ツールである。SubversionはOSSとして提供されており、多様なシステム環境下に移植され活用されている。

　近年のインターネットを活用した分散開発環境下では、Git ［33］［35］［36］ が使われるようになってきている。Gitは、LinuxプロジェクトのリーダーであるLinus Torvaldsと同僚の濱野純の2人が中心となって開発し2005年にリリースしたもので、分散開発支援機能が優れていることと高い処理性能で知られている。また、Gitをツールとしてではなくクラウド上のサービスとして提供するGitHubも活用されている。GitおよびGitHubは年々ユーザ数を増やしており、2016年度時点では、世界中で最も数多く利用されている変更歴・バージョン管理ツールはSubversionであるが、近いうちにこれを追い越すものと予測されている。

A1.3 継続的インテグレーションCI (Continuous Integration)ツール

　CIとは継続的統合を意味する。ソフトウェアが変更されるたびに自動的に（継続的に）コンパイルし、ビルドツール等により統合する。また、自動テストツール等の後続工程ツールを起動して作業を自動化する。前記A1.2 変更歴管理ツール、バージョン管理ツールと連動し、ソースプログラムが変更されるとCIツールが自動的に起動され、さらにCIツールにより後続工程のツールが起動される、という仕掛けを作ることができる。この中にはソース変更により、システムがデグレードしていないことを検証するためのレグレッションテストも含められている。

　結果として、CIツールは大きく次の3つの役割を有する。アジャイ

ル開発に欠かすことのできない極めて重要なツールである。

- 変更歴管理ツール、ビルドツール、テストツール等一連の自動化ツールを連動させる。
- ソフトウェアのシステム構成を管理して、これにより複雑なシステムを自動的にビルドする。したがってまた、手動ビルドにありがちな間違いを排除する。
- コードの変更時に自動的にデグレードチェックを起動して、そのソフトウェアが常に正しく動くことを保証する。開発中のソフトウェアが常に正常に動作する状態に置かれていることはアジャイル開発の真髄であり、これはCIツールに支えられている部分が大きい。

図A1.1にCIサーバの動作環境を示す（[12]p.27）。開発者は各々でプライベートビルドを実行し、それが正しく動作することを確認したうえでバージョン管理リポジトリに変更をコミットする（正式に変更を宣言する）。CIサーバはこれを監視していて、ビルド他のプロセスを起動、実行する。

OSSベースのCIツールの源流はThoughtWorks社のCruise Controlであり、2001年にOSSとして公開された。ThoughtWorks社は、世界規模でアジャイル分散開発を積極的に推進しているソフトウェア会社として有名である。現時点で世界的に広く使われている代表的なCIツールとしてはJenkinsがある。Jenkinsは、日本人である川口耕介が開発したことから、日本においても大変に人気がある。

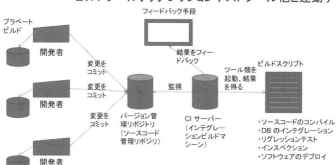

CIサーバの動作環境: CIサーバは、ソースコード管理リポジトリ、
ビルドツール、リグレッションテストツール他と連動する。

（注）開発者は各々がプライベートビルドを実行、結果が正しいことを確認した上でバージョン管理
リポジトリに変更をコミットする。CIサーバは、これを監視していて、ビルド他のプロセスを実行する。

図A1.1 CIサーバの動作環境 [12]

A1.4 ビルドツール

　ソースプログラムをコンパイルした後に、関連要素を結合して実行
形式プログラムを作成する。また、これに関連するテストプログラムを
作成することもできる。大規模なソフトウェア開発では、この作業が
膨大かつ誤りが起こりやすいことから、自動化が必須とされている。
このことから、大規模ソフトウェアの構成を集中管理する資産管理
ツールとしての役割も担っている。

　OSSベースのビルドツールの源流はUNIXのmakeコマンドに辿
れる。少し複雑なシステムになると何度もmakeコマンドを実行しな
くてはならないが、ANTは、コマンドの代わりにJavaと XMLで構
造およびプロセスを記述することによりこの悩みを解決した。また、
ANTによりクロスプラットフォームでの活用が可能となった。ANT
は、現在でも広く活用されている。

　Maven [36] は、大規模システムのビルド、実行を支援するツール
として開発された。システムの構成を定義して、これに基づくビルド、
実行を行うことから「ソフトウェア構成管理システム」とも呼ばれてい

る。機能は強力だが使い方が難しい、といわれて日本では必ずしも広く普及していない。定義文の記述ルールが難しく、これを守らなければうまく動かないのである。

Gradle [37] は、2012年に公開された新しいOSSであり、Mavenの機能をすべて包含しながら、はるかに柔軟で使い易いといわれており、これからの普及が期待されている。

A1.5 単体テスト支援ツール

ソフトウェアの品質をしっかりと確保するための基本的な手段として単体テストを欠かすことはできない。単体テストはソフトウェアの最小単位に対するテストであり、テスト制御文、テストデータ等の作成作業が膨大になりがちで、デグレード防止のための再テストも大変である。このような作業を自動化し、軽減する手段として単体テスト支援ツールがある（[38]第4部自動化）。

OSSベースの単体テスト支援ツールの代表としてJUnitがある。その歴史はアジャイル開発技法の代表的な例として4.1節で説明したXPに遡れる。XPは、XPの開発者の1人であるKent Beckらが働いていたクライスラー社の給与計算システムでの経験をもとに開発されている。このシステムはSmalltalkで記述されていて、Kent Beckはこのシステム開発での単体テスト作業を支援するツールとしてSmalltalk Unitを開発した。そして、後にErich Gammaとともに、これをベースにしたJava用の単体テスト支援ツールJUnitを開発した。JUnitは長い歴史を持ちながら、今日においても数々の改良が加えられ発展し続けている業界を代表するテスト自動化ツールである。Javaだけでなく、C、C++、Ruby、XML、HTTP等にも移植され、幅広く活用されている。

A1.6 GUIテスト支援ツール

近年のソフトウェアのユーザインターフェースはほとんどがGUI（Graphical User Interface）になっている。特に最近では、パソコンだけでなくスマートフォンにもGUIが多用されてきている。このようなGUIには1つの画面だけでも多種・多様な要素が含まれており、その正しさを目視で検証するのは容易ではない。ましてや、図形の正確な位置、色合い、線の太さなどを目視で検証することは不可能に近い。このことからGUIテストを自動化するツールが強く求められている。

OSSベースでのGUIテスト支援ツールの代表としてSeleniumがある。最新のバージョンは、Google社が開発したWebDriverと統合されたSelenium 2 [39] である。Seleniumと比べて大幅な機能向上が図られているが、特にスマートフォンインターフェイスのGUIテストを可能にしたことが歓迎されている。スマートフォンインターフェイスは、今やビジネスアプリケーションだけでなく、エンベッディッドシステムにおいても多用されていることから、Selenium2の適用範囲は広い。

A1.7 システム環境設定・管理ツール

ITシステムの環境はハードウェア、ソフトウェアからなり、極めて複雑である。最近では、これにクラウド環境等の外部環境の複雑さも加わってきている。このような複雑な環境を手作業で管理することには限界が来ており、誤りも起こりやすい。システム環境設定管理ツールは複雑なシステム環境をモジュール化、パッケージ化して再利用管理を可能にするツールである。近年、クラウド化の進展と共に、クラウド上で仮想的なシステムが気楽に作成できるようになった。その反面、クラウド上に作成した多数の仮想システムを管理するための作業が増えてきており、これに伴う誤りやトラブルも増えてきている。こうしたことを背景としてシステム環境設定・管理ツールは、急速に普及

してきている。

　システム環境としては、開発環境、　テスト環境、ステージング環境、本番環境がある。これらの環境を効率よく設定し、その相互関係も含めて管理することが大切である。システムのライフサイクルを定義して、その中でこれらの環境の管理を推進すべきである。OSSベースのシステム環境設定・管理ツールの代表としては、puppet, Chefがある。特にChef [40] は、最近のクラウドベースのシステムの運用における必須のツールになってきている。

A1.8 ITS (Issue Tracking System)

　アジャイル開発では、短期間のイテレーションを繰り返すことにより開発が進められる。開発対象の最小機能単位であるストーリーは、ストーリーカードあるいはチケットに対応付けられて、ストーリー IDあるいはチケットIDにより管理される。システムの運用中に検出された不良あるいは課題に対してもチケットが発行され、IDによりその対策状況の進捗が管理される。

　このようにアジャイル開発では、新規開発項目、不良、その他の課題など内容を問わず、IDを付与された課題として管理される。ITS（Issue Tracking System）とは、このようなID付きの課題を管理することにより、プロジェクト管理を行うシステムのことである。現状では、多様なITSが実用化されているが、代表的なものとして Trac [45] とRedmine [41] [42] が挙げられる。両者ともにOSSであり、広く活用されている。

　図A1.2は、Redmineを用いたチケットベースアジャイル開発フローの管理を示したものである [41]。プロジェクトが始まると、その開発内容に対応した新しいバージョンが作成され、そのバージョンにおいてどのような機能が開発されるかに基づき、各機能に対応したチケットが作成される。機能の開発が完了するとチケットの状態が完了状態に更新され、すべてのチケットが完了状態になると、バージョンがクローズされ、リリースされる。開発チームは、リリースされたバージョンの開発記録をRedmineで集計表示して、バージョン振り

返り作業に活用し、そこから得たフィードバックを次のバージョン計画に反映する。一方ユーザは、このバージョンに関する改善要望や障害が発生した場合に、同じ案件がすでに登録済みであるかどうかをRedmineに問い合わせて、登録済みでなければ新たな案件として登録する。これらの全てのフィードバック、改善要望、障害情報、そして新たな追加機能の情報を取りまとめて、次のバージョンが始まる。

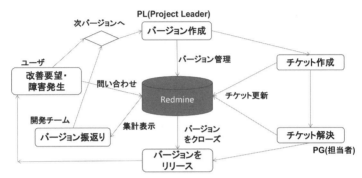

図A1.2 Redmineを用いたチケットベースのアジャイル開発フロー [41]

付録2
コードの不吉な匂い

　リファクタリングの役割は、コーディング標準に基づく改良だけではない。後々に問題を起こすような「コードの不吉な匂い」を消す作業も、リファクタリングの大切な役割である [14]。

① **重複したコード**：コードがあちこちでダブっている。このような状況で開発を続けるのは効率が悪く、保守性も悪い。一か所にまとめるべきである。同一クラス内の複数メソッドであれば、「メソッドの抽出」を行ない、これを必要な場所から呼ぶようにする。関係のない複数のクラス間で重複したコードの場合は、「クラスの抽出」を行い、この抽出したクラスに対して処理を移譲するようにする。

② **長すぎるメソッド**：メソッドが長すぎる。オブジェクト指向プログラムの真髄は短いメソッドを持つオブジェクトにある。短くするためには、まず分かり易いオブジェクト名、メソッド名を付けることである。これにより内部の処理を読まなくても何をやっているのかが分かり、また、何をやるべきかが明確になる。そして、長いメソッドを切り出して外部へ出していくことによりメソッドを短くしていく。具体的には、引数や一時変数を減らす、条件記述を分解する、ループ部分を取り出す、などの改良を加える。

③ **巨大なクラス**：クラスが持っているフィールドやメソッドが多すぎる。一般的に、このようなクラスは多数の変数を持っているので、関連する変数をグループ化してそれに対応するサブクラスへと分解する必要がある。また、このような巨大なクラスは、①に述べた「重複したコード」を持っていることが多いので、この面からのリファクタリングも大切である。

④ **多すぎる引数**：メソッドへ渡す引数が多すぎる。まず、オブジェクト指向プログラムでは、変数をオブジェクトに関連付けること

ができるから、いわゆるグローバル変数の数は少なくなる。また、オブジェクトに対応する変数をオブジェクトごと引き渡すことができる。この施策を採用した場合には変数の数を減らすことができるが、オブジェクトとオブジェクトの依存性ができるので、この点に気を付けなくてはならない。

⑤ **変更の発散**：仕様変更が起きたときの影響箇所があちこちに散らばっている。ソフトウェアは、変更が容易であるからこそソフトウェアである。変更の際、できれば1か所のみの変更で済ませられることが望ましい。複数のクラスを変更しなければならないような構造は避けるか改善したい。

⑥ **変更の分散**：あるクラスを修正すると、他のクラスも修正しなければならない。つまり、修正すべきコードが複数のクラスに分散している。対策としては、「メソッドの移動」や「フィールドの移動」を行ない、変更部分を1つのクラスの中にまとめるようにする。

⑦ **属性・操作の横恋慕**：いつも他のクラスの中身をいじっているクラスがある。オブジェクト指向プログラミングでは、データとそれに対する処理を1つのオブジェクトに閉じ込めるのが原則である。いつも他のクラスの中をいじっているということはこの原則に反している。「メソッドの移動」によりこれを解決する。

⑧ **データの群れ**：まとめて扱うべき複数のデータが1つのクラスにまとまっていない。データも仲間のデータは同じようなところに現れて処理される。こうした群れをなしているデータはオブジェクトにして1か所にまとめるべきである。

⑨ **基本データ型への執着**：基本データ型ばかりを使っているということは、オブジェクト指向の長所を知らず、データのまとまりをうまく管理できていないことを表す。関連する基本データを集めてオブジェクトにするとよい。

⑩ **switch文**：switch文を使って振る舞いを分けている。Switch文は重複したコードを生み出す問題児である。オブジェクト指向プログラミングでは、この問題はポリモーフィズムを使って解決することができる。

⑪ **パラレル継承**：パラレル継承は、「変更の分散」の特殊ケースである。新たなサブクラスを作るたびに、別の継承木にもサブク

ラスを定義しなければならない状況を示している。一方の継承木のインスタンスが、もう一方の継承木のインスタンスを参照するようにすることで、この重複を取り除くことができる。参照している側では、「メソッドの移動」、「フィールドの移動」を行い、継承構造を廃止していくことができる。

⑫ **怠け者クラス**：リファクタリングの結果やその他の理由でクラスがたいした仕事をしていない場合が起こりうる。このようなクラスを消去する必要があり、「階層の平坦化」、「クラスのインライン化」を活用してこれを行う。

⑬ **疑わしき一般化**：将来の拡張を期待して一般化しすぎる。「いつかこの機能が必要になる」と考えての過度の一般化は警戒が必要である。大した働きのない抽象クラスは「階層の平坦化」で、意味のない委譲は「クラスのインライン化」で、削除できる。

⑭ **一時的属性**：インスタンス変数の値が特定の状況でしか設定されない。通常オブジェクトは値を属性として常に保持するものなので、このようなコードは非常に理解しにくい。このような孤児となっている変数の居場所をきちっと作ってやる必要がある。

⑮ **メッセージの連鎖**：あるクライアントがオブジェクトにメッセージを送り、受け取ったオブジェクトがまた別のオブジェクトにメッセージを送り、というような過剰なメッセージの連鎖が起こる場合がある。こうした場合は「委譲の隠蔽」を使うことができるが、中間オブジェクトがすべて単なる「仲介人」になってしまう恐れがある。実際に何を伝えるべきかを抽出して、「メソッドの抽出」「メソッドの移動」により、メッセージ連鎖を減少させる必要がある。

⑯ **仲介人**：委譲ばかりして自分で仕事をしないクラスがある。「メソッドのインライン化」等を用いてこのような不要なクラスを削除していく必要がある。

⑰ **不適切な関係**：本来別のクラスであるのに、クラス同士の仲が良くなりすぎて不適切な関係になっている場合がある。双方向のリンクにより相互に相手に頼っている場合などは、「メソッドの移動」、「フィールドの移動」により本来の機能分担に修正すべきである。また、継承により親子の関係が親密すぎる問題も

起こりうる。親は子を知らないのに、サブクラスが親クラスを知りすぎてしまうことがある。「委譲による継承の置き換え」により、子供の独り立ちを検討すべき時もある。

⑱ **クラスのインターフェイス不一致**：処理は同じなのにメソッド名が異なるのは、混乱をもたらす。「メソッド名の変更」により改善する必要がある。

⑲ **未熟なクラスライブラリ**：既存のクラスライブラリが未熟で使いにくい。このような場合には、「メソッドの移動」、「外部メソッドの導入」、「局所的拡張の導入」などの手段により使い易くして活用するとよい。

⑳ **データクラス**：フィールドとgetter、setterメソッドしかないクラス。すなわち生のアクセスだけしか仕事をしていない。段階的に「フィールドのカプセル化」を行ないクラスの機能の充実を図る。

㉑ **相続拒否**：サブクラスは親のクラスの属性と操作を継承する。しかし、これがうまくいかないことがある。継承構造の間違いが原因であることが多い。兄弟となるクラスを新たに作成して「メソッドの引き下げ」、「フィールドの引き下げ」を行い、使われていない属性、操作は兄弟に移して、親クラスには共通のものだけを残すことにより、この問題を解決することができる。

㉒ **コメント**：コメントは本来、理解を深めるためのものであるが、言い訳、消臭剤として使われることが少なくない。コメントの必要性を感じた時には、リファクタリングを行ってコメントを書かなくても内容が分かるようなコードを目指すことが大切である。

索引

数字

5階層モデル 62
5つの質問................... 62

アルファベット

Agile ICONIX............... 98
AMとXP 96
AMの基本原則 85
AMの実践 (プラクティス) 86
ART (Agile Release Train) ... 127
ASD (Adaptive Software
Development)............... 16
CI環境.................... 133
Crystal 16
Disambiguation 100
DSDM (Dynamic Systems
Development Method)........ 16
Elicitation 100
FDD (Feature Driven
Development)............... 16
FP: Function Point 13
Git 151
GUIテスト支援ツール.......... 191
ICONIX開発プロセス.......... 99
ICONIXからみたXPに対する批判 107
ITS (Issue Tracking System) .. 192
Jeff Sutherland 47
Jenkins 152
Ken Schwaber............... 47
KPT...................... 60
Object Discovery 100
OSS (Open Source Software) . 184
Prefactoring/model refactoring 100
R&D要員.................. 125
Redmine 152
ROI 24
RSpec 152
Ruby on Rails.............. 151
SAFe
(Scaled Agile Framework).... 113

SCCS.................... 186
SCRUM................... 47
SDK..................... 119
The New New Product
development game.......... 48
UML 74
WBS 126
XP 15
XPが重視する5つの価値....... 33
XPで実践すべき項目 (プラクティス) 35
XPとは何か 32
YANGI................... 45

あ

アイリスオーヤマ 168
アジャイル開発かウォーターフォール
開発か―採用選択要因 22
アジャイル開発では、工期と工数が
固定されている 26
アジャイル開発とウォーターフォール
開発の比較 19
アジャイル開発とは何か 8
アジャイル開発の誕生.......... 9
アジャイルソフトウェア開発宣言
(アジャイルマニフェスト)......... 9
アジャイル対ウォーターフォール.... 18
アジャイルなポートフォリオ管理... 126
アジャイルマスター 64
アジャイル モデリング (Agile
Modeling: AM).............. 84
アジャイル要求の階層構造 123
アジャイルリリーストレインART .. 120
アドヴァンスト・ソフト・
エンジニアリング 154
アトラシアン 139

い

一般的にビジネス価値の80%は、
全ソフトウェアの20%で実現される . 24
イテレーション 64, 145
インクリメント 55
インセプションデッキ 59

う

動くソフトウェアで顧客と確認 25

え

エンベッディッド（組込み型）...... 18

お

オブジェクトモデリング技法 17

か

開発者のレベル分け 19
開発対象の機能分割 27
価値基準 50
狩野モデル 53
ガバナンス 127

き

機能横断チーム 48
機能分割 27

け

計画ゲーム（Planning Game）.... 37
継続可能な作業ペース
（Sustainable Pace）........... 46
継続的インテグレーションCI 68
継続的インテグレーションCIツール 187
軽量なビジネス企画 126
ケプト 60

こ

コーディング標準
（Coding Standard）........... 44
コードの共有
（Collective Ownership）....... 44
コードの不吉な匂い 42, 194
コード分析・評価ツール 184
顧客が開発チームに不参加 72
顧客、チームメンバー間の直接対話 . 28

さ

サブジェクト・マター・エキスパート .. 165

し

「自主」の精神 70
システム環境設定・管理ツール ... 191
システムメタファー
（System Metaphor）........... 46
失敗から学ぶ 61
失敗を恥とする 71
自動化ツール 139, 150

自動化ツールの高度の活用 29
重要度の高い機能から優先的に開発 24
常時結合
（Continuous Integration）..... 39
進化型設計 40
シンプル設計（Simple Design）... 45

す

スクラム 15, 47
スクラムチーム 56
スクラムマスター 48, 57, 64
スケールアップ可能なアジャイル
プラクティス 114
ストーリー 64
ストーリーの分割 77
ストーリーポイント 75
素早い失敗 50
スプリント 51, 64, 134, 164
スプリントバックログ 55, 64
スプリントプランニング 52, 58
スプリントレビュー 52, 61
すべての作業をチケット管理する ... 29

そ

総合窓口サービス 143
総合窓口システム 128
ソースコードの共通部分の
抽出ツール 185
ソースコードの複雑度評価ツール .. 185
ソフトウェアのビジネス価値の80%は、
全ソフトウェアの20%の量で
実現される 26

た

大規模システム開発を対象とした
アジャイル開発 82
大規模システムのアジャイル化の
ための特別プラクティス 117
代表的なアジャイル開発技法 15
竹内弘高 48
タスク 64
「試してみる」精神 70
短期間繰り返し開発 25
短期リリース（Small Releases）... 43
単体テスト支援ツール 190

ち

チームにアジャイル開発の
経験者が不在 70
チケット 64

つ

ツール 68

て

デイリースクラム 52, 60
テストカバレッジ評価ツール 186
デロイト社 160

と

透明性・検査・適応 50
ドキュメントの作成を最小限にする . 31
豊島区役所 141
トップレベルの決断 122
ドメイン(システム要求仕様)
モデル 70, 73
トヨタ生産方式 48

な

なぜなぜ5回(階) 61

の

野中郁次郎 48

は

バージョン管理ツール 186
バージョン振り返り 192
ハートビート 26
バーンアップチャート 159
バーンダウンチャート 158
ハイブリッドアジャイル 129, 161
バウンダリーオブジェクト 104
伴走方式 170
反復型開発期間=タイムボックス . . . 26

ひ

ビジネス/プロジェクト計画 126
標準コード規約チェッカー 184
ビルドツール 189

ふ

フィードバック型設計 40
富士通 131, 144
プランニングポーカー 76

プレゼン会議 168
プロキシー・プロダクト・オーナー . 155
プロジェクト管理 127
プロジェクトなしで内容を
継続的に納品する 127
プロダクトオーナー 56, 169
プロダクトバックログ 54, 64

へ

ペアプログラミング
(Pair Programming) 36
ベロシティ 75
変更歴管理ツール 186

ほ

ボトムアップ 122

ま

マイルストーン 126

も

モジュール間の
相互関係分析ツール 185
モデリングセッション 92

や

野球映像検索ソリューション . 128, 131

ゆ

ユーザストーリー 75

よ

良いストーリーの具備条件(INVEST) . .
77
要求の承認 127
用語定義集 73
用語定義集が未開発 70

り

リーン 49
リファクタリング
(Refactoring) 40, 184

れ

レトロスペクティブ 61

ろ

ローリングウェーブ 127
ロバストネス分析 100

著者紹介

片岡 雅憲 "Masanori Kataoka"

東京大学電子工学 (修士) 卒業、(株) 日立製作所にて各種ソフトウェアの開発に従事、また、ソフトウェア生産技術を担当し、各種技法及びツールを開発。日立製作所システム開発研究所所長、日立ネットビジネス (株) 取締役社長、日立INSソフトウェア (株) 取締役社長を務めた。日立を定年退職後は、個人コンサルタント/コーチ、特にアジャイル開発方式およびそのための自動化ツール群の普及に力を入れている。

小原 由紀夫 "Yukio Kohara"

立教大学卒業、富士通 (株) にて、日本のグローバル企業の工場システム構築にベンダーのプロジェクトマネジャとして参画した。PMPおよびケイデンスマネジメント社認定講師として認定された。グローバルPMメソドロジー、「なぜなぜ5回」とアジャイル開発を、富士通アジャイリスト (シニアコンサルタント) として、教育コンサルティングをしている。

光藤 昭男 "Akio Mitsufuji"

東京工業大学制御工学、MIT (MOT) 修了。東洋エンジニアリング (株) にて機械設計のCAD/CAEに従事、ソ連向けプロポーザル業務を経て、国内外プロジェクトのプロジェクトマネジャとプロジェクトダイレクタを歴任。(株) 荏原製作所に移籍、取締役・環境事業、経営事業企画、グループIT統括、子会社社長をへて、特定非営利活動法人日本プロジェクトマネジメント協会理事長に就任後現在に至る。

アジャイル開発への道案内

© 2017 Masanori Kataoka, Yukio Kohara, Akio Mitsufuji　　　　　Printed in Japan

2017年9月30日　初版第1刷発行
2019年6月30日　初版第3刷発行

著　者　片岡雅憲・小原由紀夫・光藤昭男
編　者　日本プロジェクトマネジメント協会
発行者　井芹昌信
発行所　株式会社近代科学社
　　　　〒162-0843　東京都新宿区市谷田町2-7-15
　　　　電話　03-3260-6161　振替 00160-5-7625
　　　　https://www.kindaikagaku.co.jp

三美印刷　　　　ISBN978-4-7649-0552-8
定価はカバーに表示してあります.